Vorwort

W0056613

Sie kennen das Phänomen des »Urlaubsweins«. Eben noch an einer sonnigen Bar genossen, schmeckt der Wein zu Hause plötzlich überhaupt nicht mehr. Um den perfekten Weingenuss zu erzielen, braucht es sympathische Menschen, ein passendes Licht, eine gute Stimmung und ein ansprechendes Ambiente. Ist das nicht der Fall, nutzt selbst ein noch so guter Tropfen wenig.

Für dieses Buch wurden viele Menschen nach ihren Lieblingsorten für diesen perfekten Weingenuss gefragt. Herausgekommen sind viel gelobte und weniger bekannte Plätze, Orte mit einer interessanten Geschichte und solche, die Weintrinken in seinem Entstehungsumfeld erlauben. Bewertungen von Weingütern oder Weinen werden Sie nicht finden. Das überlasse ich gern Ihnen und Ihrem individuellen Geschmack. Welchen Wein Sie auch immer bevorzugen, der Rahmen stimmt an allen beschriebenen Orten, und überall treffen Sie auf Menschen, die die Leidenschaft für Wein in sich tragen.

Diese erste deutsche 111-Weinorte-Sammlung möchte die Möglichkeit geben, die deutschen Anbaugebiete auf persönliche, fast intime Weise kennenzulernen. Von der Weinbar bis zur Vinothek, vom Toprestaurant bis zur Straußwirtschaft, vom Wanderweg bis zum Weinmuseum erleben Sie einen Querschnitt der jeweiligen Region. Meine Empfehlung: Starten Sie in einer Gebietsvinothek mit einer Weinprobe verschiedener Rebsorten aus unterschiedlichen Weingütern. Auf der Suche nach Ihrem Lieblingswein werden Sie auf der weiteren Weinreise feststellen, dass selbst der gleiche Riesling an einem Ort, zu einem leckeren Essen und mit einer herrlichen Aussicht unterschiedlich schmeckt. Und genießen Sie dabei nicht nur den Wein, sondern halten Sie es auch mit Konfuzius: Der Weg ist das Ziel – zum Weingenuss. Wohl bekomm's.

111 Orte

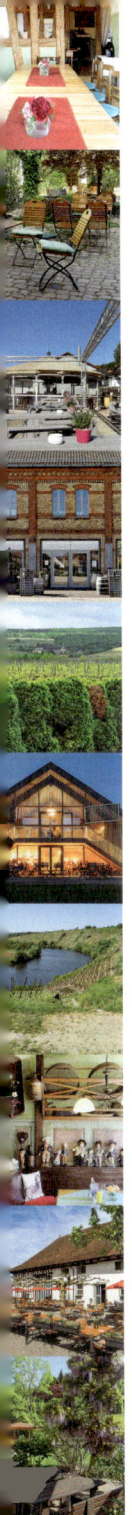

1 Das Hohenzollern

Große Lage, große Aussicht

Der Silberberg ist eine Hanglage mit Steigungen bis zu 60 Prozent. Die knapp 14 Hektar große Lage liegt oberhalb einer römischen Villa aus dem 2. oder 3. Jahrhundert. In einem kleinen Museum kann man deren Überreste besichtigen. Die Ursprünge des »Restaurant & Hotel Hohenzollern« reichen lediglich ins Jahr 1905 zurück. Damals baute der Konditor Hermann Schmitz das »Café Hoch« in den Hang. 1974 wurde es von der Familie Volkermann übernommen, die das Haus in ein Drei-Sterne-Wellnesshotel verwandelte.

Der Silberberg ist eine »Große Lage«. So nennt man die Weinlagen, die die allerbesten Voraussetzungen für herausragende Weine erfüllen. »Komplexer Geschmack, expressiver Lagencharakter und ein besonderes Reifepotenzial« bescheinigt der VDP (Verband Deutscher Prädikatsweingüter) diesen Reben. Am Ende der Prüfung entscheidet eine Kommission, ob ein Produkt auch tatsächlich den Titel »Große Lage« verdient.

Jetzt kann man von diesem Vorgehen halten, was man möchte, schließlich gibt es auch erstklassige Weine aus anderen Lagen und Weingütern, die sich nicht dem VDP-Diktat unterstellen. Doch sicher ist, dass »Große Lagen« die Wahrscheinlichkeit erhöhen, einen feinen Tropfen im Glas zu haben. Diesen findet man auf der Weinkarte des Restaurants »Hohenzollern« in breiter Auswahl. Vor allem die für ihre hohe Qualität berühmten Rotweine der Ahr, natürlich auch einen Silberberg Große Lage. Der stammt vom Weingut Kreuzberg, das zusammen mit dem Weingut Adeneuer den Silberberg bewirtschaftet. Neben ihren Kollektionen gibt es die vielleicht größte Auswahl an Ahr-Weinen sowie ein paar deutsche und französische Größen auf der preisgekrönten Weinkarte. Dazu werden klassisch-mediterrane Gerichte sowie Speisen der gehobenen Landhausküche serviert. Die schmecken besonders gut auf der großen Terrasse mit einem unbezahlbaren Blick ins Tal auf die römische Villa und auf den Silberberg.

Adresse Am Silberberg 50, 53474 Bad Neuenahr-Ahrweiler, Tel. 02641/9730, www.hotelhohenzollern.com | **ÖPNV** Ahrtalbahn bis Bahnhof Ahrweiler, von dort etwa 1 Kilometer zu Fuß | **Anfahrt** A 61 von Mönchengladbach oder Koblenz, Abfahrt Bad Neuenahr-Ahrweiler in Richtung Walporzheim, dann B 267 bis zur Abfahrt Römervilla und bergauf zum »Hohenzollern« | **Öffnungszeiten** täglich 12 – 14.30 Uhr, 18 – 21.30 Uhr, nachmittags gibt es Kaffee und Kuchen | **Tipp** Der Name Hans Stefan Steinheuer steht in Ahrweiler für die Sterne-Gastronomie. In seinem Restaurant »Zur alten Post« im Ortsteil Heppingen gibt es Gourmetmenüs. Sonntags von 12 bis 18 Uhr kann man sich für weniger Geld »next door« bei rheinischen Tapas und offenen Weinen einen ersten Eindruck verschaffen.

2_ Das Kloster Marienthal

Klosterweine auf dem Höhepunkt

Klöster und Wein gehören zusammen. Mönche und Nonnen waren es, die als Erste in Deutschland Wein anbauten. Anfangs für den Eigenbedarf, später auch für die Bediensteten und die Bevölkerung. Heute zählen Klöster zu den besten Weingütern des Landes. So das Kloster Eberbach im Rheingau, das Kloster Jakobsberg in Rheinhessen, Kloster Ebernach an der Mosel oder das Kloster Pforta an der Saale.

An der Ahr liegt das 1137 gebaute und 1141 vom Kölner Erzbischof Arnold I. eingeweihte Kloster Marienthal. Ein Gasthaus und eine Brennerei gehörten neben der Kirche dazu und bezeugen von Beginn an die Freude an Besuchern und geistigen Getränken. Wie viele andere Klöster musste man auch an der Ahr die Folgen mehrerer Kriege ertragen. Im 17. Jahrhundert überfielen, plünderten und beschädigten Schweden und Franzosen das Kloster. Als Napoleon 1802 die Säkularisierung verfügte, flohen die letzten Bewohnerinnen. Es wurde still im Hubachtal, die Kirche verfiel zur Ruine, und die übrigen Gebäude wechselten häufig die Besitzer. 1925 installierte der Staat seine preußische Weinbaudomäne im Kloster. Ab dem Jahr 2004 übernahmen gemeinsam die Winzergenossenschaften Mayschoß-Altenahr und Dagernova sowie die Weingüter Meyer-Näkel und Brogsitter den Besitz. Damit begann der vinologische Aufstieg des Weingutes Kloster Marienthal. Bei Veranstaltungen wie »Korkenfrei«, »Jazz und Wein« und dem »Wein-Nachts-Markt« wird nun in den fast 900 Jahre alten Mauern gefeiert. Der Gutsausschank serviert täglich Flammkuchen-Varianten, Käse- und Wurstgerichte. Im offenen Ausschank werden die klostereigenen Weine angeboten, noch besser wird es bei den Flaschenweinen, die von den Prädikatsweingütern der Teilhaber stammen. Die Qualität hat sich herumgesprochen, und die Gäste strömen in Scharen an den Kratzenbach. Zu ihnen zählten 2017 sogar die Delegierten des G20-Arbeitsministertreffens in Bad Neuenahr-Ahrweiler.

Adresse Klosterstraße 3–5, 53507 Marienthal, Tel. 02641/98060, www.weingut-kloster-marienthal.de | **ÖPNV** Buslinie 841, Haltestelle Marienthal-Trotzenberg, von dort 200 Meter zu Fuß | **Anfahrt** B 267, im Ortsteil Marienthal Abfahrt in die Klosterstraße | **Öffnungszeiten** täglich 10.30–18.30 Uhr, im Winter bis 18 Uhr | **Tipp** Das Kloster Marienthal gehört zu den Stationen des 35 Kilometer langen, meist durch Weinberg-terrassen führenden Rotweinwanderweges. Einfacher wandert man über den flachen Ahrtalweg immer am Fluss entlang und durch die vielen Weindörfer an der Ahr.

3_ Die Krausberghütte

Oben schmeckt's am besten

Wandern und Wein ist die beliebteste Kombination aktiver Weinreisender. Am Ziel angekommen, schmecken Weine und Speisen dann noch mal so gut. Kaum ein anderes Weinanbaugebiet hat sich so intensiv mit diesem Thema beschäftigt wie das Ahrtal. Der Ahrsteig ist die anspruchsvollste Route. Der beliebte Rotweinwanderweg führt von Bad Bodendorf bis nach Altenahr durch die Weinberge des Ahrtals. In Dernau weist er gleich sieben Einkehrstationen für Weinliebhaber aus. Die Ahrbrücke im Ort ist Ausgangspunkt mehrerer Routen, die der Eifelverein Dernau anbietet. Eine davon führt auf den Krausberg, den Hausberg des selbst ernannten Weinkulturdorfes. Die Rundstrecke zum Gipfel und zurück misst vier Kilometer. Kürzer, aber steiler ist der Weg über den Eselspfad. Auf 368 Meter Höhe steigt man ein paar Steinstufen auf den Krausbergturm hinauf und wird mit einem grandiosen Rundumblick belohnt. Von hier aus kann man bis Bonn, manchmal sogar bis zum Kölner Dom sehen.

Neben dem Turm lockt – immer wieder sonntags – die vom Eifelverein betriebene Krausberghütte, eine Bergalm aus massiven Steinen mit einem Holzgiebel und einer Wanderkarte an der Fassade. Wenn die Fahne auf dem Turm weht, werden die Rotweine von Dagernova, einer der besten Genossenschaften Deutschlands, zum Wandervogelpreis verkauft – flaschenweise. Es gibt normale und kleine Flaschen, die extra für den Eifelverein abgefüllt werden. Dazu belegte Brote oder Erbsensuppe. Im Winter bollert drinnen ein gusseiserner Ofen, im Sommer sitzt man im überdachten Biergarten oder auf einer der vielen dahingewürfelten Bänke. Kinder toben auf dem Spielplatz. Auch viele Einheimische kommen gern hierher. Man kommt ins Gespräch, erfährt viel über die Gegend und den Wein und genießt in dieser Atmosphäre seinen Spätburgunder oder Riesling mehr als in jeder Schänke. Ein Höhepunkt ist das Bergfest am 1. Mai mit Bergmesse und Blaskapelle.

Adresse Krausbergturm, Steinbergsmühle, 53507 Dernau, Tel. 02643/2649, www.krausberg-dernau.de | **ÖPNV** Regionalbahn oder Bus 841, Haltestelle Dernau Bahnhof, von dort über die Ahrbrücke rund 2 Kilometer bis zur Hütte | **Anfahrt** A 61, am Dreieck Bad Neuenahr-Ahrweiler auf A 573, Abfahrt auf B 267 bis Dernau, Parkplatz an der Ahrbrücke | **Öffnungszeiten** So und Feiertage 10 – 18 Uhr (oder wenn die Fahne auf dem Turm weht) | **Tipp** Im »Winzerhof Atrium« in der Dernauer Bachstraße werden noch mehr Dagernova-Weine ausgeschenkt. Dazu gibt's im mit Blumen und Pflanzen geschmückten Innenhof deftige Brotteller und herzhafte Flammkuchen.

4__ Die Weinstube Steinfeld

Zu Gast bei einer Königin

Alle Weindörfer wählen Weinköniginnen, aus deren Mitte die Königin des Anbaugebietes gewählt wird. Seit 1949 wird aus allen Gebietsköniginnen die Deutsche Weinkönigin auserkoren. Mit diesem Ehrenamt übernimmt die jeweilige Majestät die Aufgabe, ihre Weinregion zu repräsentieren. Dafür gibt es Spesen, mal einen Kleiderzuschuss und Leihwagen, immer Autogrammkarten. Sie besucht fast jedes Weinfest, lernt Winzer und Weine kennen und muss keineswegs nur hübsch dastehen, sondern vielmehr eine weinkundige Expertin sein. Eine Aufgabe, die im Anschluss häufig zu einem guten Job führt, denn eine erfahrene Weinkönigin ist eine gute Gastgeberin und besitzt ein breites Netzwerk in der Weinwelt.

In Ahrweiler heißt die amtierende Weinkönigin immer »Burgundia«. In den Jahren 1987 und 1988 trug Stephanie Mies die Krone. Sie kennt ihre Heimat, das Ahrtal, alle Weingüter, Winzer und viele Weine. Es wäre wunderbar, mit so einer Expertin zu fachsimpeln und sich Weine empfehlen zu lassen. Das dachte sie auch und hat sich selbstständig gemacht. In ihrer kleinen, gemütlichen Weinstube organisiert sie Themenweinproben und beeindruckt mit einer umfassenden Weinkarte. Nicht nur die Platzhirsche sind darauf vertreten, sondern auch unbekannte Nachwuchstalente und kleine Garagenwinzer. Und von jedem dieser Ahr-Weinmacher das Beste. Überraschend ist dabei die Rebsortenvielfalt. Nicht nur der für die Ahr berühmte Spätburgunder, sondern auch seltener angepflanzte Sorten wie Frühburgunder oder Pinot Meunier, Grauburgunder, Weißburgunder, Riesling und Rivaner stehen auf der Karte. Die Weine hat sie alle probiert, die Weingüter regelmäßig besucht und sich damit zu einer der wichtigsten Repräsentantinnen des Anbaugebietes gemacht. Ach ja, regionale Köstlichkeiten wie Suppen, Flammkuchen, mediterrane Knabbereien oder Menüs zu Weinproben serviert sie auch, und mit ihrem Bierangebot beweist sie, dass eine Weinkönigin durchaus tolerant sein kann.

Adresse Oberhutstraße 31, 53474 Bad Neuenahr-Ahrweiler, Tel. 02641/9181331, www.weinstube-steinfeld.de | **ÖPNV** Bus 841, Haltestelle Ahrweiler-Obertor, von dort rund 300 Meter zu Fuß; Regionalbahn bis Bahnhof Ahrweiler Markt, von dort etwa 450 Meter zu Fuß | **Anfahrt** A 61, am Dreieck Bad Neuenahr-Ahrweiler auf A 573, Abfahrt auf B 267 bis Abfahrt Römervilla, über Walporzheimer Straße links in die Altenbaustraße, Parkplatz vorhanden, von dort rund 150 Meter zu Fuß | **Öffnungszeiten** Di – Sa ab 18 Uhr | **Tipp** Einer der besten Winzer der Ahr sitzt 1,5 Kilometer entfernt am Ahrweiler Bahnhof. Frank und Marc Adeneuer verkaufen ihre edlen Tropfen täglich außer sonntags.

5 Die Wein-Terrassen
Hundertwasser lässt grüßen

Es ist ein umstrittenes Thema: Weingüter in den Weinbaugemeinden wachsen, brauchen mehr Platz und bauen neu – mitten in die Weinberge. »Bauen im Außengebiet« nennt das der Gesetzgeber und erlaubt es Garten-, land- und forstwirtschaftlichen Betrieben, sich auch abseits der ausgewiesenen Baugebiete auszudehnen. Das verschandele die Landschaft, sagen Kritiker, das schafft Platz in den Ortskernen, freuen sich Befürworter. Der Hof inmitten der zu bestellenden Weinberge erleichtert den Winzern natürlich die Arbeit. Bleibt zu hoffen, dass diese ihre Neubauten respektvoll planen und harmonisch in die Umgebung integrieren.

Ein schönes Beispiel dafür ist das Weingut Försterhof. Es liegt an der Strecke des Rotweinwanderweges und sieht aus, als wäre es schon immer da gewesen. Immerhin seit 1979 betreibt die Familie Förster an diese Stelle ihr Weingut und einen Gutsausschank. Zum Millennium wurde umgebaut, inspiriert von den Architekten und Künstlern Antoni Gaudí und Friedensreich Hundertwasser. Organische Formen sollen einen sanften Übergang zur umliegenden Kulturlandschaft bilden. Das Ergebnis ist außergewöhnlich, für die einen gewöhnungsbedürftig, für andere nach vielen Besuchen lieb gewonnener Anblick. Das gesamte Haus wurde begrünt, überall ragen Pflanzen mit ihren Zweigen und Blättern hervor. Ein bisschen was von Disneyland hat das, aber so findet auch die ganze Familie Gefallen daran. Die Försters konzentrieren sich auf Rotweine, ein wenig Rosé und einen Weißen. Diese kann man täglich in der Vinothek probieren. Am besten schmecken sie aber im Lokal zu Kartoffelsuppe, Winzervesper, veganem Burger oder Eifler Hirschgulasch. Und am schönsten sitzt man dort auf der Terrasse mit Blick in die hügelige Ahrlandschaft mit ihren Weinbergen und Wäldern. Übrigens: Kinder sind hier herzlich willkommen. Und Abwechslung finden diese reichlich, sodass alle anderen in Ruhe die Weine genießen können.

Adresse Im Teufenbach 65, 53474 Bad Neuenahr-Ahrweiler, Tel. 02641/2079315 oder 35038, www.foersterhof.de | **ÖPNV** Bus 841, Haltestelle Walporzheim Bunte Kuh, von dort 800 Meter zu Fuß | **Anfahrt** B 267, Abfahrt am Weinhaus »Bunte Kuh«, dann einbiegen in den Waldweg Im Teufenbach | **Öffnungszeiten** Vinothek: täglich 10–12 und 13–18 Uhr; Gutsausschank: Di–Sa ab 10 Uhr, So ab 9 Uhr | **Tipp** 300 Meter weiter liegt, ebenso schön in die Landschaft eingebettet, das Ausflugslokal »Altenwegshof«, in dem es Ahrweine und als Spezialität eine hausgemachte Wurstplatte gibt.

6 Der Alde Gott

Einblick, Ausblick und Weitblick der Genossen

Den alten Gott trifft man im hübschen Schwarzwalddörfchen Sasbachwalden überall. Im Kurhaus gibt es ein Restaurant diesen Namens, die Weinlage des Ortes heißt so, und auf dem Panoramaweg »Alde Gott« begegnet man ihm vielleicht auch. Der Begriff stammt aus dem Dreißigjährigen Krieg. »Jeder gegen jeden«, konnte man meinen: hier die Soldaten des Kaisers, dort die katholische Liga und die protestantische Union. Im gesamten Heiligen Römischen Reich Deutscher Nation waren Mord und Plünderung an der Tagesordnung. Viele Menschen flohen, um ihr Leben zu retten. So auch in Sasbachwalden. Die aus vielen Weilern und Einzelhöfen bestehende Ansiedlung war nahezu entvölkert. Laut einer alten Sage kam ein junger Mann zu den zerstörten Bauernhöfen und traf tagelang keinen Menschen. Mit dem Gefühl, allein auf dieser Welt zu sein, begegnete er einer jungen Frau und rief voller Erleichterung: »Der alde Gott lebt noch.«

Heute ist es wieder friedlich in dem hübschen Weinörtchen. Der hiesigen Winzergenossenschaft »Alde Gott«, wie auch sonst, ist das nur recht. Die macht sich gerade auf zu neuen Ufern, verlässt ihr einstiges Schattendasein und steigert Jahr für Jahr die Weinqualität. In dem Fachwerkkomplex sind Produktion, Keller und Lager untergebracht. Die Vinothek lädt zum Probieren ein. Dort gibt es Weine der originellen Qualitätsstufen Einblick, Ausblick und Weitblick. »Leben wie der Alde Gott« lautet das Motto. Mittwochs und samstags finden moderierte Weinproben statt, ab und an werden ein Kochkurs mit Verkostung oder eine Weinwanderung angeboten. Vorstand Günter Lehmann will noch mehr, modernisiert gerade den Verkaufsraum im neuen »Look« und freut sich, dass nicht nur die Einheimischen die Angebote annehmen und der Weinverkauf stetig steigt. Das liegt sicherlich am Wein selbst, ganz sicher aber auch am freundlichen Team und vielleicht ein bisschen am »alden Gott« im hübschen Sasbachwalden.

Adresse Talstraße 2, 77887 Sasbachwalden, Tel. 07841/20290, www.aldegott.de | **Anfahrt**
A 5, Abfahrt Achern, dann über Achern nach Sasbachwalden | **Öffnungszeiten** Mo – Fr
8.30 – 18 Uhr (im Winter mittags geschlossen), Sa 8.30 – 17 Uhr, So 13 – 17 Uhr | **Tipp**
Einige der Weißen und Roten des »Alden Gott« bekommt man in »Dany's Café« im
denkmalgeschützten »Naturhotel Holzwurm« täglich ab 12 Uhr.

7__ Der Kleinterrassenpfad

Genuss-Tour mit dem Weingut Schätzle

Der Kaiserstuhl gehört zum Weinanbaugebiet Baden und ist zugleich eine eigenständige Weinregion. Die hohe Qualität der Wein- und Küchenkultur wird allseits geschätzt. Die Nähe zu Frankreich ist spürbar. Das kleine Mittelgebirge vulkanischen Ursprungs entstand vor Millionen von Jahren. Vulkangestein und darüberliegender Lössboden zeichnen das Terroir der Kaiserstuhlweine aus. Auch die Flora und Fauna wartet hier mit besonderen Arten auf.

Das alles kann man auf einem Rundweg am Schelinger Kirchberg sehen und erleben. Unter Mitarbeit vieler Winzer werden entlang des Kleinterrassenpfades Rebböschungen und Orchideenwiesen gemäht, Trockenmauern für Smaragdeidechsen angelegt und Steilwände als Nistplatz für Wildbienen und Bienenfresser sauber gehalten. Eine Flurbereinigung sorgte 2010 dafür, dass wieder Salbei und andere Wildkräuter zwischen den Weinbergen blühen. Ein »Win-win«-Projekt, denn neben dem Erhalt und der Pflege der Kulturlandschaft profitiert auch der Weinbau von der intakten Natur.

Die Winzerfamilie Schätzle gehört zu diesen Nutznießern und gibt etwas zurück. Während der Erntezeit darf sich jeder Wanderer eine reife Traube pflücken. Diese verzehrt man dann am besten auf drei eigens eingerichteten Genussplätzen, von denen man auf die Trockenterrassen und über die Weinbaudörfer bis zu den Vogesen schaut. Damit man dort nicht auf dem Trockenen sitzt, bieten die Schätzles ganzjährig einen Genuss-Rucksack für zwei bis zehn Personen an. Drei verschiedene Weine, zudem Brot, Wurst, Käse, Eier und Obst sind darin enthalten. Dazu gibt es leihweise Gläser, Kühlmanschetten, Korkenzieher, Geschirr und Besteck. So ausgestattet, läuft sich der rund 3,5 Kilometer lange Weg über 130 zu überbrückende Höhenmeter fast von allein. Und wem das Wandern hier zur Lust gereicht, kann sich auf dem direkt angrenzenden Kaiserstuhl-Höhenweg in der Natur zwischen Rheinauen, Wald, Reben und Obstgärten weiter austoben.

Adresse Weingut Schätzle, Heinrich-Kling-Straße 38, 79235 Vogtsburg-Schelingen, Tel. 07662/94610, www.weingutschaetzle.de | **ÖPNV** Bus 104, Haltestelle Schelingen-Weihergarten, von dort knapp 300 Meter zu Fuß | **Anfahrt** A 5, Abfahrt Teningen, von dort 11 Kilometer über Balingen nach Schelingen | **Öffnungszeiten** Mo – Fr 8 – 12 und 13.30 – 18 Uhr, Sa 9 – 16 Uhr; Genuss-Rucksäcke vorbestellen | **Tipp** Im Nachbarort Oberbergen schenkt Spitzenwinzer Fritz Keller in seiner »Kellerwirtschaft« beste und bezahlbare »Jedentag«-Weine glas- und flaschenweise passend zur international inspirierten Küche aus.

8 Das Nägelsförst
Und in der Ferne die Vogesen

Wir schreiben das Jahr 1268. Konradin von Hohenstaufen kämpft in mehreren Schlachten um sein italienisches Erbe, bevor er gefangen genommen und gemeinsam mit Friedrich von Baden auf dem Marktplatz von Neapel hingerichtet wird. Das ist das Ende der Kaiserdynastie der Staufer. Ortswechsel: Auf einem Hügel oberhalb von Baden-Baden, im Schutze der Schwarzwaldberge, pflanzen Zisterzienserinnen aus dem Burgund erstmals Pinot noir, Spätburgundertrauben, an. Die Dynastie der Baden-Badener Winzer beginnt.

750 Jahre ist das her. 750 Jahre, in denen das Weingut Nägelsförst im Norden des Schwarzwaldes seine Berge bewirtschaftet. Die Besitzer wechselten häufig, zuletzt 2016, als das Ehepaar Strickler den Schlüssel an eine anonym bleibende Unternehmerfamilie weiterreichte. Die überließen nichts dem Zufall, erarbeiteten mit den Weinexperten von »Wein & Rat« neue Konzepte und steckten viel Geld in die Renovierung. »Mehr und bessere Weine« lautet das Ziel, und auf dem malerisch gelegenen Gut kehrt mit Veranstaltungen, einer Vinothek und einer Straußwirtschaft Leben ein. 33 Hektar Rebflächen sind heute im Besitz des Weingutes, vor allem mit Riesling und Burgunder bepflanzt, dazu Chardonnay, Sauvignon Blanc und Gewürztraminer.

Da die Qualität der Weine bekannt und preisgekrönt ist, konzentrieren wir uns auf den Genuss vor Ort. In der Vinothek kann man die Nägelsförst-Weine probieren und kaufen. Es gibt Kochkurse und Weinproben mit Spaziergängen. Es wird geheiratet und gefeiert. Höhepunkte sind die Tage der »Straussie«, wenn im April und Mai sowie September und Oktober wochenlang zu den eigenen Weinen Flammkuchen und regionale Spezialitäten unter freiem Himmel aufgetischt werden. Viele Grünpflanzen verschönern dann den Innenhof, das Plätschern des Brunnens untermalt die Atmosphäre mit Blick über die Weinberge bis ins Elsass und zu den Vogesen.

Adresse Nägelsförst 1, 76534 Baden-Baden (Varnhalt), Tel. 07221/35550, www.naegelsfoerst.de | **ÖPNV** Bus 216, Haltestelle Neuweiher Kirche, von dort rund 1,4 Kilometer schöner Aufstieg durch die Weinberge | **Anfahrt** von Baden-Baden über Waldsee-, Katzensteinstraße und L 84a, links in die Gartenstraße, über Weinsteige und Nellenbergstraße, Parkplatz am Weingut | **Öffnungszeiten** Vinothek: Mo – Fr 9 – 18 Uhr, Sa 10 – 16 Uhr; Straußwirtschaft: Frühjahr und Herbst | **Tipp** Okay, mit Wein hat das nichts zu tun, aber auf dem Weg zum Nägelsförst habe ich mich über das liebevoll aufgebaute Mini-Schwarzwald-Dorf in der Klosterbergstraße 80 gefreut, das man von April bis November bewundern kann.

9 Die Pfarrwirtschaft

»Coupe Danmark« und Kaiserstuhlweine

Die Franzosen nennen es »Savoir-vivre«, die Italiener »Dolce Vita«, die Menschen am Kaiserstuhl genießen das entspannte Leben ohne Schnickschnack bei Thomas Merkle in der »Pfarrwirtschaft« nebst dazugehörigem Garten. In dem ehemaligen Pfarrhaus wurde der Rebstocksaal kernsaniert und zu einem hellen, puristisch eingerichteten Gastraum umfunktioniert. An großen Tischen kommt man schnell mit den Nachbarn ins Gespräch oder schaut den Köchen zu, die in der offenen Küche einfache, gute Gerichte zubereiten. Dazu gibt es Weine von den heimischen Weingütern Bastian, Schätzle, Schneider, Knab, Salwey, Roßwog, Fritz Keller, Heger und der Winzergenossenschaft Bischoffingen-Endingen.

Die hohe Qualität der Speise- und Getränkekarte ist kein Zufall, denn Merkle ist Sternekoch und betreibt gleich nebenan auch das unter Gourmets bekannte »Merkles Restaurant«, dem der Gastroführer »falstaff« eine »von Gewürzen geprägte, spannende Edelküche« bescheinigt. 90 von 100 Punkten ist das den Testern wert, allein 18 von 20 Punkten gibt's für die Weinkarte. In der »Pfarrwirtschaft« ist die Auswahl zwar kleiner, doch auch hier, einen Traubenwurf von den Weinbergen entfernt, kann man die edlen Kaiserstuhl-Tropfen zu Kalbfleischküchle, Spinatknödeln oder Flammkuchen genießen.

Konrad Salvey vom gleichnamigen Weingut erzählte mir von diesem Lokal. Er schwärmte von der Küche, den passenden Weinen und einem Dessert, das alles schlägt: Vanilleeis mit Schokoladensauce. Im diesem Moment hatte er mich. »Coupe Danmark« nennen Gastronomen weltweit die Nachspise, der ich schon als Kind verfallen bin. Es gibt kein Restaurant mit dieser Köstlichkeit auf der Karte, in dem ich nicht die weißen Eisbällchen mit der heißen Sauce probiert hätte. Und er hatte recht: In der »Pfarrwirtschaft« legen sie auf alles Wert, auch auf die perfekte Zubereitung meines Lieblingsnachtisches.

Adresse Hauptstraße 2, 79346 Endingen, Tel. 07642/7900, www.merkles-restaurant.de |
ÖPNV Bus 101–107, Haltestelle Bahnhof Endingen, von dort 800 Meter zu Fuß |
Anfahrt Autobahn A5, Ausfahrt Riegel, über L113 bis Abfahrt Bahlingen, dann Richtung
Endingen Altstadt, am Ortseingang gleich rechts, Parkplätze am Haus | **Öffnungszeiten**
Mi–Sa 12–14 und 17.30–24 Uhr, So 12–20 Uhr | **Tipp** Am Tuniberg in Merdingen
kann man im Frühling oder Herbst im reizenden Innenhof der Straußwirtschaft »Wolfs-
höhle« von Familie Gretzmeier herrlich sitzen.

10 Die Rebstock-Stube
Dorfwirtshaus am Schloss

Ich bin zugegebenermaßen etwas romantisch veranlagt, deshalb gefällt mir wohl die Kombination aus Wein, Schlössern und Burgen auch in demokratischen Zeiten ohne monarchische Strukturen immer noch sehr gut. Nun ist das Ebringer Schloss sicherlich nicht das majestätischste im Land, aber auf dem Weg dorthin fühlt man sich schon etwas erhabener, als wenn es »nur« zum nächsten Weinprobierstand ginge. Das Schlossweingut geht auf das 15. Jahrhundert zurück, ein Kellerbogen erinnert daran. Anfang des 18. Jahrhunderts wurde an dieser Stelle das heutige Schloss mit einem riesigen Kellergewölbe gebaut.

Der Schloss-Weinschöpfer Andreas Engelmann erzeugt einen Sauvignon blanc, die weltweit am stärksten wachsende Rebsorte. Seine fruchtige Nase raubt mir zwar den Atem, aber er heimst ebenso wie seine Burgunderweine, Chardonnays und Gutedel viel Lob ein. Einzigartig ist das Betreiber-Dreigestirn aus dem ehemaligen Bürgermeister Hans-Jörg Thoma, Kellermeister Klaus Ruh und Karlheinz Thoma vom Weinbauinstitut, die gemeinsam das Weingut gründeten, von der Winzergenossenschaft Rebflächen pachteten und deren Gut heute als Aushängeschild für Ebringer Spitzenweine gilt.

Den idealen Rahmen für den Weingenuss gibt's gegenüber. Aus der »Rebstock-Stube«, die schon 1445 als »gemeine Stube« bekannt war, schaut man auf das Schlossgut. Hans Riehle schwingt mit seinem Sohn Benedikt in dem Dorfwirtshaus einen kreativen Kochlöffel. Die Freiburger erinnern sich gern an ihn, im Breisgau hat er einst den Mittagstisch mit frischen, teilweise exotischen Gerichten belebt. Zwei Jahre in einem mexikanischen Fischerort und die Liebe zur Heimat ergeben immer wieder neu interpretierte »Hausmannskost«. Der passende Wein kommt vor allem aus dem Schlossgut und von anderen Winzern Badens. Und im Sommer sitzt man unter einer alten Birke im Garten und isst einen Kräuterquark mit »Brägele«.

Adresse Riehles Rebstock, Schönbergstraße 75, 79285 Ebringen, Tel. 07664/6193239, www.richles-rebstock.de | **ÖPNV** Regionalbahn bis Bahnhof Ebringen, von dort gut 1 Kilometer zu Fuß, Bus 7240, Haltestelle Ebringen-Kirchweg, von dort rund 100 Meter zu Fuß | **Anfahrt** A 5, Abfahrt Freiburg-Süd, über B 31 und B 3 bis Ebringen, am Bahnhof vorbei in die Schönbergstraße | **Öffnungszeiten** Mo–Fr ab 17 Uhr, Sa und So ab 11.30 Uhr, Mi geschlossen | **Tipp** Über dem Weinort thront die Ruine der Schneeburg. Auch an diesem idyllischen Plätzchen kann man wunderbar den Schlosswein genießen – man muss ihn nur selbst mitbringen.

11 Die Sommelière

Genussexpertin mit dem absoluten Geschmack

Die Arbeit eines guten Sommeliers lässt mich bewundernd zurück. Auf Verkostungen oder Messen probieren die geübten Weingeschmacksexperten über hundert Weine, schlucken nicht, sondern spucken aus und können am Abend noch Wein 12, 37 und 96 auseinanderhalten und beschreiben. Begnadete Musiker haben ein absolutes Gehör, die besten Sommeliers dann wohl den absoluten Geschmack. In Dresden zum Beispiel denkt sich der frühere Spitzensommelier und jetzige Weinmacher Frederic Fourre einen Wein aus, wie und nach was und warum er schmecken soll – und dann geht er monatelang in die Weinberge, feilt weitere Wochen im Keller, und heraus kommt exakt dieser Wein. Andere erinnern sich an die Tausende Weine ihres Lebens. Das wäre dann wohl das totale Geschmacksgedächtnis.

Viele Sommeliers arbeiten in der Topgastronomie, ergänzen die Arbeit des Kochs mit ihrer feinen Nase für den passenden, am besten unterstützenden Wein zum kulinarischen Genuss. Die Sommelière Iwona Herzog macht das nicht (mehr), sie kocht selbst, sucht die Weine dazu aus, verkauft selbige in Flaschen, ergänzt um ein wenig Feinkost und andere schöne Dinge. Die rothaarige Inhaberin des Ladens addiert dazu Herzlichkeit und Neugier, berät und sucht immer wieder Newcomer unter den Weinmachern. Nüchtern schreibt sie auf ihr Schaufenster »Weinfachgeschäft«, doch dahinter verbirgt sich viel mehr. Portugiesische Weine sind ihr Steckenpferd, aber auch die badischen Weingüter haben einen festen Platz inmitten der vielen Flaschen in den einfachen Holzkisten, die zu Regalen gestapelt an der Wand stehen. Die Bruchsaler erweisen ihr und ihrem supernetten Team treu die Ehre und kommen vor allem donnerstags und freitags, wenn der Laden zum Weinbistro mutiert. Dann gibt es Frisches vom Markt auf den Tisch. Bei den ersten Bissen und dem passenden Wein dazu wird mir klar, dass hier ein »absoluter Geschmack« am Werk war.

Adresse Kübelmarkt 26, 76646 Bruchsal, Tel. 07251/304158, www.diesommeliere.de | ÖPNV Bus 182, 186, 188 und 189, Haltestelle Bruchsal, Bürgerpark, von dort 150 Meter zu Fuß; vom Bahnhof Bruchsal aus rund 700 Meter zu Fuß | **Anfahrt** A 5, Abfahrt Bruchsal, über B 35 und B 3 bis Parkhaus Bürgerpark, von dort 200 Meter zu Fuß, wenige Stellplätze vor dem Laden | **Öffnungszeiten** Di 15–18.30 Uhr, Mi 10–13 und 15–18.30 Uhr, Do und Fr 10–22 Uhr, Sa 10–13 Uhr | **Tipp** Nebenan serviert das Café »Himmlisch« leckeres Frühstück, auch auf einer kleinen, süßen Terrasse direkt am Saalbach.

12 Die Domäne

Das Filetstück des Klosters Eberbach

Eine Domäne ist ein Landgut, das dem Staat gehört. Die Hessischen Staatsweingüter haben mehrere. In Assmannshausen, in Rauenthal und am Steinberg im Rheingau, und eine an der Bergstraße. Den Anfang machten die Zisterzienser in Kloster Eberbach, der legendären »Wiege des Weins«. Dort werden zwar keine Weine mehr produziert, die kommen nun vom historischen Steinberg. Auch die Bergstraße liefert ihre Trauben in den modernen Weinkeller.

Dennoch ist der Standort der Vinothek im einst »Rebmuttergarten« genannten Gasthaus grandios, liegt in der Monopol-Weinlage Centgericht, drum herum die Lagen Stemmler und Steinkopf. Wenn jemals ein Panorama die Auszeichnung »Schönste Weinsichten« verdient hat, dann dieser Anblick. Die Bergstraße ist bekannt dafür, dass der Frühling hier ein wenig früher beginnt. Sogar Pfirsich-, Mandel- und Feigenbäume wachsen hier, und die wärmenden Sonnenstrahlen schmeicheln den Reben. »Frühlingsgarten« nennt man das kleinste deutsche Weinanbaugebiet, und mittendrin am Ortsrand von Heppenheim liegt das weitläufige Weingut. 1927 wurde mit dem Bau des seinerzeit als Rebzuchtanlage gedachten Komplexes begonnen. Im Verwaltungsgebäude ist heute die Vinothek beheimatet. Ein steiler Weg führt rund 550 Meter immer geradeaus durch die Weinberge hinauf zu einem offenen Pavillon – dem Sonnenpavillon. Von dort sieht man ringsherum Weinberge, viele Weinberghäuschen und weit ins Rheintal. Wer noch ein Stück weiterläuft, kommt zum knapp sieben Kilometer langen Erlebnispfad »Wein und Stein«, auf dem man Wissenswertes zu Wein, Rebsorten, Geologie, Klima, Geschichte, Flora und Fauna erfährt. Der Wanderweg ist Teil des »UNESCO Geo-Naturparks Bergstraße-Odenwald«.

Entlang des Weges gibt es reichlich schöne Plätze für den Genuss mitgebrachter Weine. Einfacher genießt man Rieslinge, Weiß-, Grau- und Spätburgunder-Weine der Domäne auf der Terrasse der Vinothek. Mit »schönster Weinsicht«.

Adresse Darmstädter Straße 133, 64646 Heppenheim, Tel. 06252/1262690 | **ÖPNV**
Bahnhof Heppenheim, von dort 2 Kilometer zu Fuß, Bus 679, Haltestelle Winzer-
genossenschaft, von dort 1 Kilometer zu Fuß | **Anfahrt** A 5, Abfahrt Heppenheim, über
B 460 und in Heppenheim links abbiegen auf die B 3 bis zur Domäne, Parkplatz unterhalb
der Vinothek | **Öffnungszeiten** Vinothek: April–Okt. täglich 10–19 Uhr (Terrasse im
Sommer bis 20 Uhr), Nov.–März Mo–Fr 10–18 Uhr, Sa, So 10–16 Uhr | **Tipp** Im
Heppenheimer Zentrum kann man täglich die preiswerten Genossenschaftsweine der
Bergsträßer Winzer im »Viniversum« probieren und kaufen.

13 Der Jakobi
Deutschlands bester Wein-Supermarkt

Zuletzt machte Aldi mit seinem Angebot von Günther-Jauch-Weinen Schlagzeilen. Winzer im ganzen Land regten sich darüber auf, dass das hochklassige Gut Othegraven Produkte an einen Discounter liefert. Andere sahen es gelassener, freuten sich gar, dass nun auch der durchschnittliche Konsument Zugang zu teureren Weinen habe. Wie dem auch sei, an Aldi kommt kaum einer vorbei. Schließlich wird rund ein Viertel aller deutschen Weinflaschen über die bekannte Einzelhandelskette verkauft.

Im Gegensatz zu Aldi setzt ein privat geführter Edeka-Markt in Bensheim keineswegs nur auf preiswerte Produkte. Marco Jakobi hat eine Weinabteilung aufgebaut, die landesweit ihresgleichen sucht. In der »Vinothek Bergstraße« stehen auf rund 50 Meter Regallänge über 1.300 Weine zum Kauf. 20 Partnerweingüter von der Bergstraße repräsentieren die heimische Region, 35 VDP-Weingüter aus ganz Deutschland kommen hinzu, und eine große Auswahl an internationalen Weinen aus Südafrika, Chile, Australien, Kalifornien, Neuseeland, Italien, Frankreich, Spanien, Griechenland, Österreich und der Schweiz runden das riesige Sortiment ab. Die Supermarkt-Überraschung: Die heimischen Weine kann man täglich probieren, fachlich fundierte Beratung inklusive, und bei Gefallen zum gleichen Preis wie im Weingut mitnehmen. Und als wäre das nicht schon genug für einen Lebensmittelhändler, gibt's jeden ersten Dienstag im Monat eine moderierte Weinprobe mit Käsehäppchen und jeden Freitag- und Samstagnachmittag den »Lieblingsplatz« mit Gerichten der Familie Jakobi und ihrer Mitarbeiter: Oma Hildes »Brennkees«, Opa Simons »Worschde Brod«, Willis Sonntagsschmaus, »Gloagedöns« oder Marios »Zwischedorschemol«. Dazu natürlich Weine aus dem eigenen Sortiment. Das ist sensationell und einer Jury des Bundesverbandes des Deutschen Getränkehandels den Preis »Deutschlands beste Weinabteilung im Lebensmittelhandel« wert.

Adresse Fabrikstraße 2, 64625 Bensheim, Tel. 06251/989420, www.edeka-jakobi.de/wein |
Anfahrt A 5, Abfahrt Bensheim, dann auf der Wormser Straße Richtung Zentrum, Edeka
liegt vor dem Bahnübergang auf der rechten Seite | **Öffnungszeiten** Supermarkt: Mo – Sa
8 – 22 Uhr; Lieblingsplatz: Fr 16 – 20 Uhr, Sa 12 – 18 Uhr | **Tipp** Außerhalb von Bensheim
gibt es, mitten in den Weinbergen, Riesling vom Fass des Weingutes der Stadt im Kirch-
berghäuschen, einem Lusthaus von 1857.

14__Die Weintiene

Deutschlands nördlichste Straußwirtschaft

Wissen Sie, was eine Tiene ist? Früher bezeichnete man damit einen großen Holzbottich, in dem die Trauben mit bloßen Füßen zertreten wurden. In Werder verwendeten die Leute den Begriff auch, allerdings für eine kleinere Version, mit der man Obst und Trauben transportieren konnte. Mit Blick auf die Tradition hat die Familie Lindicke ihre Straußwirtschaft am Wachtelberg nach dem Holzgefäß benannt. Die Gäste der »Weintiene« sitzen draußen mit Blick auf die Weinberge auf der Terrasse oder auf dem Flachdach an schlichten Biertischen. Wer den Wachtelberg hinaufspaziert und auf den Aussichtsturm steigt, schaut auf die Havel und die Insel von Werder, auf der sich der Ausschank befindet.

Die Familie betreibt seit über 30 Jahren Obst- und Weinanbau. Klingt nach Gemischtwaren, wie der Wein wohl schmecken mag? Ich bin angenehm überrascht, und auch einige Auszeichnungen dokumentieren den Qualitätsanspruch des Winzers. Bandenburg ist kein offizielles Weinbaugebiet, obwohl hier schon seit über 800 Jahren Reben angepflanzt werden. Man liegt hier nördlich der aus klimatischen Gründen gezogenen Linie. Angesichts der Klimaveränderung sollte man diese vielleicht verschieben, denn Sonne gibt es in dieser Region mittlerweile genug. Weil man allerdings zum 175 Kilometer entfernten Anbaugebiet Saale-Unstrut gezählt wird, darf auch Qualitätswein statt »nur« Landwein auf den Flaschen stehen. Ins Glas kommen jedenfalls Tropfen, die den Vergleich nicht scheuen müssen. Dazu werden Schinken- und Käsebrot, Strammer Max oder Käsewürfel gereicht. Liebevoll kümmert sich Katharina Lindicke um ihre Gäste. Ebenso liebevoll hat Manfred Lindicke auf dem Wachtelberg eine Vielzahl von Rebsorten mit Informationsschildern versehen. Wie im Freilichtmuseum erfährt man Wissenswertes über Müller-Thurgau, Regent, Sauvignon blanc, Dornfelder, Pinotin, Muscaris, Cabernet blanc, Saphira, Kernling und Solaris.

Adresse »Weintiene«: Werderaner Wachtelberg, Wachtelwinkel 30, 14542 Werder (Havel); Büro und Lager: Weinbau Dr. Manfred Lindicke, Am Plessower Eck 2, 14542 Werder (Havel), Tel. 03327/741410, www.wachtelberg.de | **ÖPNV** ab Bahnhof Werder (Havel) Bus 630, Haltestelle Wachtelwinkel, Bus 631, Haltestelle Kölner Straße | **Anfahrt** B 1, bis links »Rostbratwurst-Bude« erscheint, hier abbiegen und der Beschilderung folgen | **Öffnungszeiten** Ostern – Mitte Okt. Fr ab 14 Uhr, Sa und So ab 10 Uhr, ab Aug. auch Mo – Do 14 – 20 Uhr | **Tipp** Rund zehn Kilometer entfernt findet man in der »Weinwirtschaft« in Potsdam einen erstaunlichen Querschnitt der deutschen Anbaugebiete, dazu – am besten – Tapas bestellen.

15 Der Wolkenberg

Vom Bergbau zum Weinbau

Wer Wein in einem Weingut genießen möchte, muss hineinkommen. Das ist oftmals nicht so einfach, weil die Zeit des Winzers und seine Lust, einfach nur Weine zum Verkosten anzubieten, begrenzt sind. Ist der Kaufwille des Gastes groß, geht das eher mal. Dieses Buch verzichtet deshalb weitgehend auf die Listung von Weingütern, die nur zwei- bis dreimal im Jahr für Tage der offenen Tür oder Jahrgangsverkostungen die Pforten öffnen. Beim Wolkenberg muss ich eine Ausnahme machen. Zum einen, weil einer der Inhaber der beste Winzer Sachsens, Martin Schwarz, ist, der die Weine in seinem Weingut am Mariaberg in Meißen ausbaut. Zum anderen ist die Geschichte der Weinmanufaktur Wolkenberg einmalig in Deutschland. 1991 musste der 1353 erstmals erwähnte Ort in der Niederlausitz dem Braunkohleabbau weichen, die letzten Einwohner wurden umgesiedelt.

Nach dem Ende des Abbaus wurde das Gebiet Schritt für Schritt rekultiviert. Vattenfall, die BTU Cottbus und die Weinbau-Hochschule Geisenheim erkannten die sonnenreiche Gegend und legten nach einem ersten Versuch mit 99 Stöcken einen größeren Weinberg mit sieben Rebsorten und 26.000 Reben auf sechs Hektar Fläche an. 30 Meter reichen die Weinbergzeilen in Richtung Gipfel. Es gibt Grau- und Weißburgunder, Roten Riesling, Kernling und die seltenen Sorten Schönburger, Cabernet Dorsa und Rondo. Bettina Muthmann ist heute die Chefin des Retorten-Weingutes, macht Weinproben ab sieben Personen und einen »Tag der offenen Tür«. Ihre Weine kann man zwischen April und Oktober im Gut Geisendorf bei Neupertshain jeden ersten und dritten Sonntag im Monat um 15.30 Uhr probieren. An gleicher Stelle und im Bergbautourismusverein Welzow wird auch der Brandenburger Landwein verkauft. Ein Besuch mit einem Blick in die Weinberge macht aber jederzeit Sinn, und ein Holztor mit Tafeln auf freiem Feld erinnert an den ehemaligen Ort Wolkenberg.

Adresse Wolkenberg GmbH, Dreifertstraße 9, 03044 Cottbus, Tel. 0355/380350 oder 0172/2709473, www.wolkenberg-gmbh.de | **ÖPNV** Bus 27, 884, Haltestelle Papproth, von dort 3,5 Kilometer bis zum Wolkenberg | **Anfahrt** B 169 von Cottbus bis Abfahrt Drebkau/Papproth, über Stradower Straße bis zum Parkplatz am Fuß des Wolkenberges | **Öffnungszeiten** Weinberg durchgehend; Bürozeiten der GmbH: Mo–Do 8.30–17.30 Uhr, Fr 8.30–15 Uhr | **Tipp** In der Cottbusser Vinothek »Weinfreundin« von Sommelière Maeriaen Neuenfeldt in der Karl-Liebknecht-Straße 102 gibt es regionale Weine, auch vom Wolkenberg (Di–Sa 15–22.30 Uhr).

16 Die alte Grafschaft

Zwei Anbaugebiete in einem Weingut

»Weinidealisten« nennen sich die beiden Inhaber. Und Idealist muss man sicher sein, um ein über 400 Jahre altes Weingut zu übernehmen und sieben Hektar Steillagen dazu. So geschehen 2009, als der Weinverkäufer und gelernte Küfer Norbert Spielmann und der Fahrzeugbauer Christoph Dinkel das Anwesen in Kreuzwertheim und den Satzenberg im Taubertal von den Fürsten Löwenstein erwarben. Kurz darauf komplettierten sie das Lagenportfolio mit dem Kauf des Kreuzwertheimer Kaffelstein vom Freistaat Bayern. Das Ziel: die beiden besten Steillagen der Region wieder zu vereinen. Der Anspruch: die Erhaltung der einmaligen Kulturlandschaft. Der Weg: steinig – im wahrsten Sinne des Wortes. Die kilometerlangen Steillagen-Mauern mussten vom Wildwuchs befreit, teils befestigt und erneuert werden. Jeden Rebstock galt es zu prüfen und neue Terrassen anzulegen. Ein Prozess, der sich noch jahrelang hinziehen wird, wenn auch jetzt schon vorzeigbar. Immerhin, die seit 1594 in Kreuzwertheim bestehende Weinbautradition gab es beim Kauf dazu. Einst waren hier die Wertheimer Grafen am Werk, daher auch der Name Grafschaft. Die Qualität war bereits damals legendär, wie auch Goethe erkannte: »Bringt mir noch einen Eymer vom Wertheymer.« Ein Wein, der seinerzeit schon aus den beiden Steillagen kam.

Besucher bedienen sich heute selbst im Weingut, bekommen Gläser und Flaschen und dürfen im historischen Innenhof des markanten Staffelgiebelbaus Mitgebrachtes verzehren. Ab und an zeigen die Weinmacher ihr Idyll, laden zur »Häckerwirtschaft«, zu kulinarischen Spaziergängen durch die Steillagen oder zur »Weintafel im Satzenberg« mit Musik, Büfett und Wein. Der Lohn der Mühen: bereits nach wenigen Jahren preisgekrönte Charakterweine der Spitzenklasse, ehrlich und mineralisch, aus Franken und Baden, und die Genugtuung, es geschafft zu haben. Das haben sich die Weinidealisten auch redlich verdient.

Adresse Rathausgasse 5, 97892 Markt Kreuzwertheim, Tel. 09342/5500, www.altegrafschaft.de |
ÖPNV Bus 8701, 8702 und 8704, Haltestellen Hauptstraße und Rathaus, von dort rund 150 bis
250 Meter | **Anfahrt** A 3 bis Abfahrt Marktheidenfeld, 7 Kilometer über Unterwittbach nach
Kreuzwertheim | **Öffnungszeiten** Mo–Fr 9–18 Uhr, Sa 9–14 Uhr und »wenn wir da sind, sind
wir gern für Sie da« | **Tipp** So gar nicht nach Wein klingt das 350 Meter entfernte Kreuzwert-
heimer Biergärtchen »Ankerplatz«. Direkt am Mainufer kann man parken und genießt den
herrlichen Blick auf Altstadt und Burg. Bei schönem Wetter mit Weinschorle, Weißwein,
Rotwein oder Rotling.

17__Alter Esel

Ein Zwei-Personen-Stück

Das unterfränkische Marktbreit ist ein kleiner, aufgeräumter Bilderbuchweinort. Die Bachgasse am Breitbach ist hübsch, wie eine Brücke steht ein altes Haus, der Malerwinkel, über dem kleinen Gewässer, das einen Flaschenwurf weiter in den Main mündet. An Kirchen vorbei, einem alten Rathaus, dem Seinsheimer Schloss, Fachwerkhäusern und durch kleine Gassen, ist man schnell in Urlaubsstimmung und trinkfreudig. Gegenüber dem ebenfalls mit Fachwerk geschmückten »Hotel Löwen« steht ein weiteres Haus aus dem 18. Jahrhundert, das wie fast die ganze Altstadt denkmalgeschützt ist. Die helle Fassade, roten Fensterläden und weißen Sprossenfenster wirken einladend. Irgendwie ist es, wie privat zu Besuch zu sein. Einfache Holztische, schlicht eingedeckt und dekoriert, machen den Unterschied zum Esszimmer bei Freunden. Eine Karte gibt es aber nicht, die tagesaktuellen Gerichte stehen auf der Tafel, und abends werden Menüs mit passender Weinbegleitung serviert. Alles ist stimmig und warm. Im ersten Stock gibt es einen zweiten, sehr ähnlichen Gastraum, wenn es mal voll wird oder eine Gesellschaft sich angekündigt hat.

»Familiär« trifft es wohl am besten. Die Familie besteht aus Ramona und Markus Söder. Sie agiert in der Gaststube, erklärt Essen und Wein und trägt mit ihrer ruhigen Art zur entspannten Atmosphäre bei. Er zaubert in der Küche und kombiniert regionale, auch fränkische, Rezepte mit seiner Vorliebe für die italienische Küche. Ein »Zwei-Personen-Stück«, sagt Markus Schneider, der regelmäßig Wirtshäuser in Bayern testet, zutreffend. Ein gutes Dutzend Gäste verteilt sich bei meinem Besuch in dem kleinen Restaurant, das sich unter die Riege der »Slow-Food«-Betriebe einordnet. Für den Trinkgenuss liefern fränkische Winzer ihre Weine, sowohl bekannte als auch ein paar Geheimtipps, und wer mal was anderes möchte: Die Söders mögen und servieren auch internationale Weine.

Adresse Marktstraße 10, 97340 Marktbreit, Tel. 09332/5949477, www.alteresel-marktbreit.de | **ÖPNV** Bus 8112, Marktbreit, Haltestelle Adam-Fuchs-Straße, von dort rund 150 Meter zu Fuß; Regionalbahn bis Bahnhof Marktbreit, 500 Meter entfernt | **Anfahrt** A 7, Abfahrt Marktbreit, über Adam-Fuchs-Straße zum Parkplatz am Mainufer, von hier etwa 150 Meter zu Fuß | **Öffnungszeiten** Mi–So 11.30–14 Uhr, 18–23 Uhr | **Tipp** Am Rand des historischen Kerns wird in »Michels Stern« wie im Gourmet-Restaurant gekocht, die Weinkarte ist bemerkenswert.

18 Der Brückenschoppen

Hiegängä, glotzn, dringgng – hingehen, schauen, trinken

Die Alte Mainbrücke ist neben der Residenz und der Hofkirche eines der Wahrzeichen von Würzburg. Eine Sehenswürdigkeit, die seit Jahrhunderten von Besuchern der unterfränkischen Hauptstadt gut frequentiert wird. Dennoch oder gerade deswegen kamen vor über zehn Jahren drei auf der Ostseite beheimatete Betriebe auf die Idee, täglich den Brückengästen einen Schoppen anzubieten, den »Brückenschoppen«. Mit dabei sind die direkt am Ufer liegende »Alte Mainmühle«, nebenan das Bistro »Mainwein« der Winzergemeinschaft Franken und der Vollkornbäcker Köhler. Man bekommt – na klar – einen Schoppen, also einen Viertelliter Wein, wobei unterschiedliche Rebsorten und Weingüter zur Wahl stehen, zahlt Pfand und spaziert zur Brücke. Dort steht man auf kleinen Balkonen rund um die zwölf Brückenstatuen von Heiligen, Bischöfen, Karl dem Großen oder der Jungfrau Maria, an der flachen Brückenmauer oder mitten auf der gepflasterten Straße, die ohnehin nur für Radfahrer und Fußgänger zugänglich ist. An schönen Tagen kommt man kaum durch, aber auch bei Eiseskälte und Schnee lockt der Brückenschoppen ab der Mittagszeit zum Fluss.

Man kommt ins Gespräch, erfreut sich an der Aussicht auf die Würzburger Residenz, die Festung Marienberg, das Weingut am Stein und die beiden anderen Top-Weinlagen, Stein-Harfe und Schlossberg, und genießt die Stimmung, Atmosphäre und seinen Wein. Nach der Arbeit gesellen sich zu den Würzburg-Touristen die Einheimischen für einen Feierabendschoppen dazu. Spätestens dann kommen auch immer wieder Straßenmusiker und sorgen auf der Brücke für ein wenig Volksfeststimmung. Dann ist es auch fast egal, ob man Silvaner, Müller-Thurgau, Riesling, Bacchus, Scheurebe oder Rotling im Glas hat, der Schoppen schmeckt nun jedem. Das Event bekam sogar einen eigenen Song, der stilecht auf Bocksbeuteln komponiert worden sein soll: »Ja, wie ist das Lääbe schöö, hier in Würzburch, hier am Mee.«

APEROL SPRIZZ 5,00
0,25 L

SILVANER 4,00
0,25 L

BACCHUS 4,00
0,25 L

ROTLING 4,50
0,25 L

ROTWEIN 5,50
0,25 L

PFAND PRO GLAS 5,-

WÜRZBURGS SCHÖNSTE NEBENSACHE DER BRÜCKENSCHOPPEN

Adresse Alte Mainbrücke, 97070 Würzburg | **ÖPNV** Straßenbahn 1, 3, 4, 5, Haltestelle Rathaus, Bus 7, Haltestelle Alte Mainbrücke | **Anfahrt** A 3, Abfahrt Würzburg-Heidingsfeld, B 19, vor dem Main auf Mergentheimer Straße, über Saalgasse zum Parkhaus Alte Mainbrücke (Zeller Straße 3) | **Öffnungszeiten** Brücke: durchgehend, Brückenschoppen-Verkauf: unterschiedlich, Kernzeit 11–20 Uhr | **Tipp** Die Erfolgsgeschichte des Würzburger Brückenschoppens hat bereits einen Nachahmer: Zur Premiere im Juli 2017 kamen sogar die Würzburger auf die 20 Kilometer entfernte Alte Mainbrücke von Kitzingen.

19__Das Fahr Away
Die Erfüllung eines Traums

Manchmal kommt man an einen Ort, an dem man von der ersten Sekunde an weiß: Hier fühle ich mich wohl, hier schmecken mir die Weine, und hier begegnen mir nette Menschen. Es liegt in der Luft, man spürt es, der erste Eindruck zählt. Es bleibt sicherlich Geschmackssache, ob auch Sie die Weinbar »Fahr Away« der Brauns in Volkach mögen werden, aber eigentlich habe ich keinen Zweifel. Der Laden ist im Retro-Style eingerichtet. »Used look« würde man bei einer Jeans sagen. An den farbigen Wischtechnik-Wänden hängen und stehen Vitrinen und einfache Holzkisten mit Flaschen darin. Die Tische sind aus rustikalem, aber hellem Massivholz, die orange-braun-blau-lila Sesselstühle so was von bequem. Die Bar hat etwas von einer Studentenkneipe, fühlt sich weniger nach Volkach, sondern mehr nach einer Stadt von Welt an. Dabei könnte man von draußen meinen, drinnen sei nur eine winzige Eisdiele. Ein paar Klappstühle stehen auf dem Bürgersteig, im Inneren finden bis zu 40 Gäste Platz. Heike und Thomas Braun haben sich hier ihren Traum erfüllt, wollten Gastgeber sein – für Leute, die sich entspannen und wohlfühlen möchten.

Gegessen wird im Tapas-Stil, auch wenn die Braun'schen Tapas weniger spanisch als vielmehr international-urban-fränkisch daherkommen. Einflüsse von überall, regional verfeinert. Selbst der Flammkuchen ist anders, besser als anderswo. Schinken und Salami werden »live« auf der Berkel-Maschine geschnitten, und irgendwie spürt man, dass die Brauns gern reisen und von vielen Ecken der Welt etwas mitgebracht haben. Zum Beispiel auch internationale Weine, die man, natürlich neben dem kompletten Sortiment des eigenen Familienweingutes in Fahr am Main – daher der Name der Bar –, zum Weingutspreis mit Korkengeld flaschenweise verkosten kann. Und zur Unterstreichung des Bar-Kneipen-Charmes gibt's neben dem Wein auch noch einige Craft-Biere. Einziges Manko: Auch hier muss man irgendwann wieder gehen.

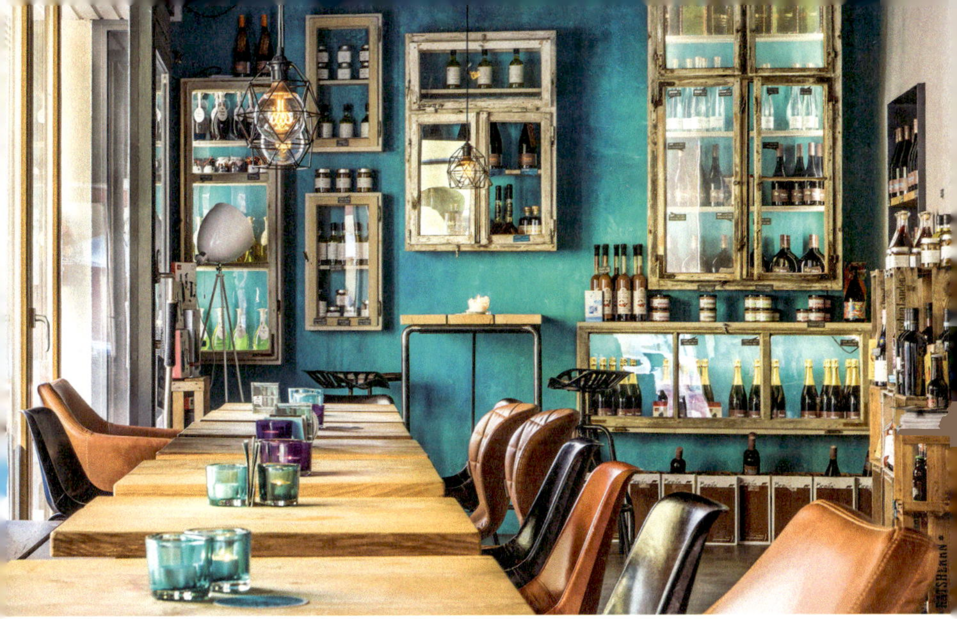

Adresse Hauptstraße 34, 97332 Volkach, Tel. 09381/7174277, www.weinbar-fahraway.de |
ÖPNV Bus 8105, 8110, 8137, Haltestelle Bahnhof Volkach, von dort 400 Meter zu Fuß |
Anfahrt A 7, Abfahrt Kitzingen / Schwarzach nach Volkach, in Volkach immer geradeaus
über Sommeracher Straße in die Hauptstraße | **Öffnungszeiten** Jan.–März Do–So
17–22 Uhr, April Mi–Fr 16–22 Uhr, Sa, So 15–22 Uhr, Mai–Okt. Di–Fr 14–23 Uhr,
Sa, So 12–23 Uhr, Nov.–Dez. Do–Fr 17–22 Uhr, Sa, So 16–22 Uhr | **Tipp** In der
Hauptstraße 22, 80 Meter vom »Fahr Away« entfernt, verkauft die Winzergemeinschaft
Franken in dem modernen Bistro »Mainwein« am romantischen Marktplatz ihre Produkte,
die man zuvor verkosten kann.

20___Das Himmelstoss

Aus zwei wird zwei

Wir bewerten in diesem Buch keine Weine und keine Weingüter. Also lassen wir andere zu Wort kommen, wenn es denn doch mal hilfreich ist. Reiner Flick, einer der besten Weinmacher im Rheingau und Betreiber des herrlichen Ausflugsturms »Flörsheimer Warte«, bezeichnet Wolfgang Glaser als »den für mich besten Winzer in Franken«. Da ich Reiner Flick mit seiner »Straßenmühle« schätze, sein Konzept von Wein und Ambiente mag und sein altes Gehöft in Wicker sehr gern besuche, bin ich neugierig.

Glasers Weinberge liegen innerhalb und außerhalb der Mainschleife bei Volkach. Ursprünglich wurden die Trauben von zwei Winzern verarbeitet: Siegfried Glaser in Nordheim und Hans Himmelstoss in Dettelbach. Der Nachwuchs verstand sich nicht nur vinologisch sehr gut, heiratete und machte aus zwei Weingütern eins – ohne einen der Standorte aufzugeben. Nun gibt es einen Namen für das Weingut, Glaser, und der zweite Standort trägt den Mädchennamen Himmelstoss. Monika Glaser, geborene Himmelstoss, und Wolfgang Glaser arbeiten Hand in Hand, auch Tochter Julia ist schon dabei. Die Verschmelzung hat allen geholfen. Größere Flächen, mehr Möglichkeiten und zwei Vinotheken, in denen ihre Ergebnisse probiert werden können.

Die Verwaltungsräume wurden bei Glasers zusammengelegt, neuer Raum entstand, den die Familie für eine Erweiterung nutzte: das Weinrestaurant »Himmelstoss« in einem Bilderbuch-Fachwerkhaus aus dem 18. Jahrhundert, nebenan die Vinothek, gemeinsam in einer Hofreite, die, behutsam renoviert, einen authentischen Rahmen für ein Winzergasthaus liefert. Im Inneren – ich mag das sehr – eine ledergepolsterte, an der Wand entlanglaufende Ringsum-Bank, davor Holztische auf dem Parkett. Im Innenhof sitzt man auf historischen Pflastersteinen unter einem Rebdach. Die fränkische Küche passt zu den Weinen, ein Ort für echte Weingenießer. Dank Reiner Flick.

Adresse Bamberger Straße 3, 97337 Dettelbach, Tel. 09324/4776, www.restaurant-himmelstoss.de | **ÖPNV** Bus 8108, 8110, 8286, Haltestelle Dettelbach B 22, von dort keine 200 Meter zu Fuß | **Anfahrt** A 3, Abfahrt Kitzingen / Schwarzach, über B 22 bis Dettelbach, Am Felsenkeller rechts, gleich links in die Bamberger Straße, wenige Parklätze in den Straßen, besser Parkplatz Am Maintor, von dort 250 Meter zu Fuß | **Öffnungszeiten** Do–Mo 12–14 und 18–24 Uhr | **Tipp** Ein Erlebnis ist eine Fahrt mit der alten Mainfähre hinüber nach Mainsondheim mit anschließendem Spaziergang entlang des Golfplatzes am Mainufer.

21___Die Mainschleife

Märchenhafter Blick von der Vogelsburg

Alle deutschen Weinanbaugebiete liegen an einem Fluss. Am Rhein sind es Baden, die Bergstraße, Rheinhessen, der Rheingau und Mittelrhein. Mosel, Nahe und Ahr wurden sogar nach ihrer Wasserstraße benannt. Die schlängeln sich aufgrund von Gebirgen und Gesteinen mal so, mal so durch die Landschaft. An manchen Stellen macht ein Fluss gar eine überraschende Biegung, eine Schleife. Die Moselschleife ist sicherlich die bekannteste, die Rheinschleife bei Boppard jedoch kaum weniger attraktiv.

Der Main ändert bei Volkach gleich zweimal seine Richtung. Dieses Gebiet ist eine Augenweide und schützenswert. Seit 1969 unter Landschaftsschutz stehend, gebührt der Flora und Fauna natürlich besonderes Augenmerk. Auf einem Mainhang steht dort das Kloster Vogelsburg. Vor über 200 Jahren wurde es säkularisiert und beherbergt heute ein Hotel und Restaurant. Es gibt wohl deutschlandweit kaum einen schöneren Ort für den Weingenuss. Auf der einen Seite führen die Weinberge steil nach unten bis zum Main. Auf der anderen steht ein kleines Wäldchen, aus dem ab und kühle Winde hinaufwehen. Das Panorama ist märchenhaft. Das Haus hat sich ganz dem Wein verschrieben. Die Zimmer heißen »Kabinett«, »Spätlese« und »Auslese«. Das Restaurant bietet die Kollektion der Stiftung Juliusspital Würzburg. Das 24 Kilometer entfernte Traditionsweingut hat die Vogelsburg 2011 erworben, 2015 aufwendig renoviert und mit Christoph und Anna-Lena Tacke erfahrene fränkische Hoteliers als Pächter gewonnen. Und wem die Weine schmecken, der deckt sich in der Vinothek für zu Hause ein. Der Höhepunkt ist jedoch der Weingarten, der einen grandiosen Rundblick bietet. Sogar eine Aussichtsplattform wurde installiert. Weingarten und Restaurant sind dabei nicht abgehoben, sondern ein Ort für alle Genießer. Draußen gibt es teilweise sogar Selbstbedienung, nachdem Sie Ihren sonnigen oder schattigen Lieblingsplatz ausgesucht haben. Frei nach dem Motto des Hauses: »Unkompliziert und frei genießen«.

Adresse Vogelsburg 1, 97332 Volkach, Tel. 09381/7108970, www.vogelsburg-volkach.de |
ÖPNV Bus 8105, 8110, Haltestelle Escherndorf Mainaussicht, von dort 500 Meter zu Fuß
bergauf | **Anfahrt** A 3, Abfahrt Kitzingen/Schwarzach nach Volkach, im Kreisverkehr in
Volkach Richtung Astheim, nach rund 3 Kilometern Abzweigung zur Vogelsburg |
Öffnungszeiten Weingarten: April–Nov. täglich 11–22 Uhr, Restaurant: täglich
11–22 Uhr | **Tipp** Spaziergänger aufgepasst: Schlendern Sie, am besten mit einem Glas
Wein in der Hand, von der Vogelsburg aus auf einem fünf Kilometer langen Rundweg
durch die Weinberge mit immer wieder neuen Aussichten auf die Landschaft.

22 Der Schoppenfranz
Die Ganzjahres-Straußwirtschaft

Mit den Straußwirtschaften ist das so eine Sache. Sie öffnen nur ab und an, und wenn man selbst gerade Zeit hat, sind sie geschlossen. Das familiäre und bodenständige Flair dieser saisonweise geöffneten Ausschankstellen ist ebenso einzigartig wie beliebt. Sobald der Winzer über einen längeren Zeitraum öffnet, nennt er seine Stuben Gutsschänke oder Weinrestaurant, unterliegt einem anderen Steuersatz, wird zwangsläufig teurer, oft professioneller bei der Einrichtung und im Service und verliert nicht selten den besagten Charme. Da Sie in diesem Buch aber idealerweise Orte mit ganzjährig regelmäßigen Öffnungszeiten vorfinden sollen, machen wir uns auf die Suche nach einer »Ganzjahres-Straußwirtschaft«. Welche Kriterien sollte sie erfüllen? Einfach, aber gemütlich und mit einem tollen Blick, am liebsten von oben über die Weinberge. Gemütlichkeit in der Stube bei Kälte und Regen und eine große Terrasse für warme Sonnenstunden. Nett und freundlich sollte die Atmosphäre, die Preise nicht ausufernd sein. Die Hausweine lecker und am liebsten aus den Weinbergen, über die man gerade schaut. Schmackhafte Speisen aus Omas Küche, typisch regional, vielleicht dazu leichte, frische Gerichte auf einer nicht zu großen Karte. Und möglicherweise spielt ja sogar ab und an mal eine Musikkapelle auf.

Einverstanden? Dann auf zum Ausflugslokal »Schoppenfranz«, am besten zu Fuß. Das Auto in Gössenheim in der Eichenau stehen lassen und rund fünf Kilometer im und am Wald entlang durch das Kuhbachtal zur fast tausend Jahre alten Ruine der ebenso bildhübschen wie riesigen Homburg wandern. Unterwegs kommt man beim »Schoppenfranz« vorbei. Nehmen Sie sich Zeit, dann verpassen Sie keinen der vielen herrlichen Aussichtspunkte und auch nicht das Kneipp-Wassertretbecken in dem 700 Hektar großen Naturschutzgebiet. Empfehlung: »Bratwürscht mit Spessarträuberbrot« und Schoppenwein und danach ein Stück Streuselkuchen direkt aus dem Backofen.

Adresse An der Homburg 1, 97780 Gössenheim, Tel. 09358/352, www.schoppenfranz.de |
ÖPNV Bus 8060, Haltestelle Gössenheim-Gemeindehaus, von dort rund 2 Kilometer zu
Fuß | **Anfahrt** B 27 von Würzburg, nach rund 30 Kilometern am Ortseingang Gössen-
heim rechts in die Eichenau und der Beschilderung folgen | **Öffnungszeiten** April−Okt.
Mi−Sa 12−20 Uhr, So 11−20 Uhr, Nov.−März Sa 12−20 Uhr, So 11−20 Uhr, Febr.
geschlossen | **Tipp** Auf dem Weg zurück nach Würzburg lohnt ein Abstecher zu Christine
Pröstler in Retzbach. Die »Jungwinzerin des Jahres« macht Spitzenweine und freut sich
mittwochs und samstags und »immer wenn das Auto vor der Tür steht« über Besuch in
ihrer modernen Vinothek.

23 Die Sommerbar
Achten Sie auf den Wetterbericht

Achtung: Jetzt wird es touristisch. Sommerach ist das schönste Dorf Deutschlands und eines der schönsten in Europa. Das sagen die Jurymitglieder zahlreicher Wettbewerbe, die den historisch gewachsenen Weinort mit seinen schmucken Bruchstein- und Fachwerkhäusern an der südlichen Mainschleife mit Goldmünzen dekorierten. Im Altstadtkern scheint die Zeit stehen geblieben zu sein. Die Hausbesitzer wetteifern um die schönste Fassade. Mittendrin steht auf dem Kirchplatz die katholische St.-Eucharius-Kirche, gleich nebenan sind das Rathaus und die Info-Vinothek der Sommeracher Winzer. Wie der Name schon sagt, will man hier nicht nur ausschenken, sondern dem Gast die Weine, die Geschichten, die Entstehung und die Landschaft nahebringen. Ausschließlich Damen regieren und arbeiten hier. Die meisten von ihnen besitzen die Gästeführerlizenz »Weinerlebnis Franken« und sind damit auch beste Anlaufstelle für den Franken-Urlauber. Zwanzig Winzerfamilien und die hiesige Genossenschaft haben sich zusammengetan und präsentieren in dem Gemeinschaftshaus täglich ihre Weine aus den Sommeracher Toplagen Katzenkopf, Engelsberg und Rosenberg. Dazu gibt es erwähnenswerte Schnäpse von den vielen Streuobstfeldern der Maininsel.

Der Höhepunkt, so sind sich deutschlandweit viele Weingenießer einig, ist das »Weinreich« der Winzergenossenschaft Sommerach. 500 Meter vom Kirchplatz entfernt, sind vor allem Riesling-, Silvaner- und Burgunderweine am Katzenkopf im Ausschank. Ab Ostern treffen sich Einheimische und Gäste am Feierabend oder nach dem Spaziergang bei entspannter Musik und regionalen Leckereien unter freiem Himmel. Der Wetterdienst auf der Webseite informiert, ob geöffnet ist oder nicht. Und wenn es doch einmal regnet, geht es drinnen weiter in der ganzjährig einladenden Sommerach-Kostbar, die von Mitgliedern aus rund 90 Weinbaufamilien betrieben wird. Und immer mit einem wunderbaren Weingenießer-Lebensgefühl.

Adresse Info-Vinothek: Kirchplatz 3, 97334 Sommerach, Tel. 09381/7187939, www.infovinothek-sommerach.de; Kost- und Sommerbar: Zum Katzenkopf 1, 97334 Sommerach, Tel. 09381/80610, www.winzer-sommerach.de | **ÖPNV** Bus 107, 8108, 8110, Haltestelle Sommerach-Nordheimer Straße, von dort jeweils nur ein paar Schritte | **Anfahrt** A 3, Abfahrt Kitzingen/Schwarzach, B 22 über Horblach und Schwarzach bis Sommerach | **Öffnungszeiten** Info-Vinothek: Mo–Sa 9–18 Uhr, So 10–18 Uhr; Kostbar: Mo–Fr 9–18 Uhr, Sa, So 10–18 Uhr | **Tipp** Für den großen Hunger geht man in den historischen Gasthof »Zum Weißen Lamm« zur Familie Strobel und genießt die deutsche und fränkische Küchenkultur nebst hauseigenem Wein (Sommeracher Hauptstraße 2).

24 Die Stollburg
8.000 Jahre Weingeschichte

Handthal liegt am Rande des Steigerwaldes, dem Land der tausend Himmelseen. Die Anfahrt zur kleinen Häuseransammlung gleicht dem Weg in eine Sackgasse. Rechts, links und geradeaus Steigungen, Weinberge und Wälder. Dabei gibt es erstaunlich viel zu sehen. Im Steigerwaldzentrum kann man »Nachhaltigkeit erleben«, zahlreiche Wanderwege führen in die unberührte Natur, einer davon zum Baumwipfelpfad, einem 42 hohen, spiralförmig um einen Baum führenden Weg mit gigantischer Aussicht. Oben auf Frankens höchstem Weinberg trifft man auf eine Burgruine aus dem 12. Jahrhundert, die Handthaler Stollburg. Etwas unterhalb liegt die gleichnamige Weinberglage und mittendrin die Gaststube »Stollburg«. Dort liefert der Staatliche Hofkeller Würzburg seine VDP-Weine hin, bevorzugt aus der hiesigen Weinlage Handthaler Stollburg. Die typischen fränkischen Rebsorten Müller-Thurgau, Silvaner und Bacchus, aber auch Kerner und Rotling kommen hier ins Glas. Gereicht wird dazu hausgebackener Flammkuchen. Mein Favorit heißt »Walther von der Vogelweide«, der angeblich in der »Stollburg« geboren worden sein soll, mit Williams-Christ-Birnen, Ziegenkäse, Wildkräutern und Preiselbeeren. Oder probieren Sie die Lachsforellen aus dem Dorfteich, Knusperschnitzel, Hirschbraten oder Sauerbraten. Da »Bierfranken« nicht weit ist, gibt es auch eine stattliche Anzahl Fassbiere.

Der Blick über den Steigerwald, Handthal, die Weinberge und ins bis an den Horizont reichende Steigerwald-Vorland ist himmlisch. Man sitzt hinter großen Panoramascheiben oder vor dem schmucken Bruchsteinhaus auf der Sommerterrasse, die hoch über dem Anfahrtsweg thront. Lounge-Möbel laden dazu ein, mit dem Weinglas in der Hand zu chillen. Für mich ist dieser versteckte Ort eines der schönsten Kleinode für den Frankenweingenuss, zudem ideal als Ziel oder Ausgangspunkt für lange Wanderungen durch den Steigerwald, dem Land der tausend Himmelseen.

Adresse Gaststube: Handthal 50, 97516 Oberschwarzach, Tel. 09382/9930895, www.stollburg-handthal.de | **ÖPNV** Bus 997, Haltestelle Handthal, von dort zu Fuß rund 1,3 Kilometer bergauf zur Gaststube | **Anfahrt** A 3, Abfahrt Wiesentheid, über B 286 und B 22 bis Abzweigung Oberschwarzach und weiter nach Handthal, hinter dem Ort links auf den Handthal-Weg bis zum Parkplatz, von hier 600 Meter zu Fuß bergauf | **Öffnungszeiten** Burgruine: immer zugänglich; Gaststube: Fr–Mo 11.30–21.30 Uhr, April–Nov. auch Do 17–21.30 Uhr | **Tipp** 150 Meter von der Gaststube entfernt, führt der »Weinweg der Erkenntnis« zur Burgruine. Auf dem Handlauf erfährt man Wissenswertes über die Weltgeschichte des Weins von den Anfängen der Weinkultivierung in Georgien um 6000 vor Christus über die Weingenüsse in der Antike bis zum Weinbau der Gegenwart.

25__Das terroir f

Kunst und Arbeit im Weinberg

Haben Sie sich schon einmal gefragt, warum ein Wein mal zwei Euro kostet und warum Sie für manche, auch aktuelle Jahrgänge, 100 Euro anlegen müssen? Werfen wir einen Blick in die Welt des Winzers. Der arbeitet in seinen Weinbergen und im Keller, kauft Reben, Pflanzenschutzmittel, Flaschen und Verschlüsse, bringt die Trauben aus den Rebhängen ins Weingut, dann in Fässer, Tanks und Flaschen und zuletzt nicht selten auch noch zu Ihnen nach Hause. Zurück zum Weinberg. Will der Winzer vor allem viel Wein produzieren, legt er seine Weinbergzeilen breit und auf flachem Gelände an und pflügt mit Traktoren und Lesemaschinen automatisiert hindurch. Will er Qualität, macht er das Ganze mit der Hand, benötigt viele weitere helfende Hände und selektiert die Trauben vom Wachstum bis zum Keller immer wieder aus. Wenn das alles auch noch in einer Steillage geschieht, braucht er länger und eine Menge Kraft und Kondition. Wer einmal bei der Weinlese in einem solchen Weingarten dabei war, zahlt gern den gerechtfertigten Preis für diesen Aufwand und die Qualität, die er anschließend ins Glas bekommt.

Einige Künstler haben sich der Weinbergarbeit kreativ genähert und bei Sommerhausen eindrucksvolle Kunstwerke von arbeitenden Weinmachern aus Stein, Stahl, Ton und Holz geschaffen. Ein »magischer Ort«, den die Sommerhäuser »terroir f« genannt haben. In dem Skulpturenpark inmitten der endlosen Rebhänge entlang des Maintals sind Kunst und Wein vereint. Der »Wein-Kultur-Weg« führt zu den sieben Werken. Kiefernduft, der mediterrane Lebensfreude aufkommen lässt, und Blicke bis zur Würzburger Festung Marienberg belohnen den Wanderer. Der Weingenuss beginnt beim Hofverkauf im Weingut Schloss Sommerhausen, danach geht es zur Rathausgasse, und von dort beginnt der Wein-Kultur-Weg, auf dem Sie erfahren, warum ein Winzer jeden Euro für seinen Wein verdient hat.

Adresse An der Tränk, 97286 Sommerhausen, Tel. 09333/8256 oder 09333/9045413 | **ÖPNV** Bus 554, 555, Haltestelle Sommerhausen-Kirchplatz, von dort 1 Kilometer zu Fuß zum terroir f | **Anfahrt** A 3, Abfahrt Würzburg/Randersacker, B 13 nach Sommerhausen, erste Abfahrt bis zum Kirchplatz, hier parken und 1 Kilometer zu Fuß bergauf | **Öffnungszeiten** durchgehend | **Tipp** In der urigen Weinstube »Schoppenfetzer« (Maingasse 3–5) mitten in Sommerhausen sitzt man mit Blick auf das Sommerhäuser Maintor gemütlich bei fränkischer Brotzeit und regionalen Weinen.

26 Die Weinparadiesscheune
Eine innovative Winzergemeinschaft

Das Weinbaugebiet ist groß und erstreckt sich von Aschaffenburg im Westen bis Bamberg im Osten. 216 Einzellagen und über 6.000 Hektar Rebflächen werden hier angebaut. Da erscheint es sinnvoll, sich zum Zwecke eines gemeinsamen Auftritts zusammenzuschließen. Ein Paradebeispiel dafür ist das »Weinparadies Franken«, zu dem sich die Weinorte Bullenheim, Hüttenheim, Ippesheim, Nenzenheim, Reusch, Seinsheim und Weigenheim vereint haben. Die einzelnen Orte kennen nicht viele, das Weinparadies dagegen ist in vieler Munde und räumt bei den Tourismus-Preisen ab. Auf dem Weinparadiesweg kann man die kleine Region in der Nähe des Steigerwaldes kennenlernen. Wer lieber fährt, wird mit dem Bocksbeutel- oder dem Kirchenburg-Express befördert.

Oberhalb der Weinberge von Bullenheim und Seinsheim steht die »Weinparadiesscheune«, das Prunkstück der Gemeinschaft. Im Vordergrund Weinberge satt, dahinter der schützende Wald. Von hier oben sieht man das gesamte Paradies, manchmal sogar bis in den Harz oder zur Rhön. Traumhaft wird es im Sommer auf der Terrasse vor der Holzscheune bei Sonnenuntergang. Serviert werden fränkische Schmankerl und Brotzeiten wie Obatzter, Schinken-Käse-Platte, Bratwürste aus eigener Schlachtung, Spinatknödel, Lachs mit Dillsauce und geräuchertes Forellenfilet. Am Wochenende gibt's noch mehr, dann werden Winzerbraten oder Sauerbraten mit Klößen aufgetischt und auch Kaffee und Kuchen angeboten. Damit dazu die gesamte Vielfalt der Paradiesweine und -weingüter probiert werden kann, wechselt alle drei Monate die Karte mit Weinen aus den Weinlagen »Bullenheimer Paradies«, »Ippesheimer Herrschaftsberg«, »Frankenberger Schlossstück«, »Weigenheimer und Reuscher Hohenlandsberg«, »Seinsheimer Hohenbühl« und »Hüttenheimer Tannenberg«. Und wem der eine oder andere Tropfen geschmeckt hat, kann diesen flaschenweise auch direkt kaufen.

Adresse Weinparadiesscheune 1, 97258 Ippesheim, Tel. 09339/989680, www.weinparadies-scheune.de | **ÖPNV** Bus 109 (»Bocksbeutel-Express«), Haltestelle Bullenheim Rathaus, von dort 1,5 Kilometer zu Fuß | **Anfahrt** A 7, Abfahrt Gollhofen, über B 13, Herrnberchtheim, Ippesheim nach Bullenheim, dort den Schildern folgen | **Öffnungszeiten** Nov.–April Mi–Fr ab 14 Uhr, Sa ab 12 Uhr, So ab 11 Uhr; Mai–Okt. Mi–Sa ab 12 Uhr, So ab 11 Uhr | **Tipp** In Bullenheim sitzt man gemütlich in der Weinstube »Johannesstuben« (Bullenheim 79) oder im Innenhof des Weingutes Schmidt bei typisch fränkischen Gerichten und hauseigenen Weinen.

27 Der Weinstrand

Nordseeurlaub am Main

Malen wir ein Bild: ein Sandstrand am flachen Ufer eines kühlen Gewässers, ein breiter, einladender Strandkorb, die Sonne wärmt, Vogelrufe am blauen Himmel. Wir öffnen eine wohltemperierte Weinflasche und schenken ein. Nein, wir sind nicht an der Nordsee, auch wenn es so klingen könnte. Wir sind in Nordheim auf der Maininsel, umschlossen vom langsam vor sich hin plätschernden Altmain und dem schnelleren Mainkanal, der nicht weit entfernt an Volkach vorbeifließt. In der Bocksbeutelflasche ist ein leckerer Silvaner, »Charakter F« nennen die »Inselweinmacher« den besten ihrer Weine. Um das Eiland kann man wunderbar radeln, auf einer Strecke von 15 Kilometern meistens am Ufer entlang. Von Escherndorf schippert eine alte Fähre die Besucher herüber. Wem es zu warm wird, der springt zur Abkühlung in den Altmain. Die Wasserqualität ist gut, die Strömung ungefährlich, sogar ein kleiner Sandstrand wurde angelegt.

Den Wein holt man sich in der Vinothek von Divino, der örtlichen Genossenschaft. Hier mischt sich der Flair eines fränkischen Weindorfes mit dem offenen Ambiente moderner Architektur. Aufgrund der über 350 Hektar großen Rebfläche findet man die komplette Vielfalt der fränkischen Weine. Wenn es doch einmal regnet oder kühl ist oder man einfach keine Lust auf Strand hat, sitzt man im Innenhof oder steht an der langen Weinbar und lässt sich die ausgeschenkten Proben schmecken. Montags und donnerstags gibt es eine Weinkellerführung, auf Wunsch auch Themen-Weinproben. Aber zurück zum gemalten Bild: Mit dem Bocksbeutel – oder auch zweien – im Rucksack läuft man nur 300 Meter bis zum offiziellen Badestrand. Wer es etwas ruhiger mag, geht 600 Meter weiter, rechts am Ufer entlang, bis zu einem weiteren Sandstrandbereich. Von dort schaut man zur anderen Altmain-Seite auf die steilen Weinberge der Lage Escherndorfer Lump und die darüber thronende Vogelsburg. Schöner kann man es kaum malen.

Adresse Vinothek: Langgasse 33, 97334 Nordheim am Main, Tel. 09381/80990, www.divino-wein.de; Badestrand: Escherndorfer Weg, 97334 Nordheim am Main, direkt neben der Fähre | **ÖPNV** Bus 107, 8108, 8110, Haltestelle Nordheim-Raiffeisenstraße, von dort, an der Vinothek vorbei, rund 500 Meter zu Fuß | **Anfahrt** Radler und Motorradfahrer setzen in Escherndorf mit der Fähre über, Autofahrer fahren am besten über die Brücke an der Mainkanal-Schleuse bei Sommerach | **Öffnungszeiten** Mo–Sa 9–18 Uhr, So 10–18 Uhr | **Tipp** 300 Meter von der Vinothek entfernt, beginnt der Rebsortenerlebnispfad »Der Nordheimer«, von dem aus man nach rund einem Kilometer auf einen Weinberg mit schönem Panorama gelangt.

28___Fondels Mühle
Wein statt Mehl und Öl

Was braucht es für den perfekten Weingenuss? Das Ambiente, als Basis, trägt zum Wohlfühlen entscheidend bei. Das stimmt in der Alten Fachwerkmühle unter dem hübschen Walmdach von A bis Z. Mitte des 18. Jahrhunderts wurde hier aus Getreide Mehl und Öl hergestellt. Erst vor zwei Generationen fand der Mühlenbetrieb ein Ende. Der letzte Müller, Peter Fondel, gab ihr seinen Namen. Dann wurde es still um das unter Denkmalschutz stehende Ensemble. Nun kocht Esmeraldo García in seinem Restaurant, veranstaltet Weinproben und Kochkurse zwischen alten Mühlsteinen. Er bereitet seine Speisen gern mediterran zu, ohne exotisch zu werden. Den Weingenuss dazu gibt es im Glas von den Bopparder Weingütern Lorenz, Walter Perll und aus dem Königshof. Damit bleibt der Chef einerseits den Winzern in Boppard treu, scheut sich andererseits aber auch nicht, Weine aus der Pfalz (Bio-Weingut Pflüger), aus Rheinhessen und sogar aus Chile und Ungarn passend zum Speisenangebot auszusuchen. Das macht das Rundum-Genuss-Paket perfekt. Auf den Teller kommen fangfrische Forellen aus dem Mühltal oder ein schmackhaftes Gemüse-Risotto.

In der Mühle sitzt man zwischen altem Holzgebälk, auf historischem Parkettboden, an antiquierten Weichholzmöbeln oder draußen im idyllischen, mit altem Kopfstein gepflasterten Hof. Der Koch liebt seinen Job, macht alles selbst, bringt die Speisen gern persönlich an den Tisch und plaudert dazu. »Alles frisch von Bauernhöfen und Metzgern aus der Umgebung.« Seine Zutaten sind übrigens nicht nur exzellent, Sie können sie auch mitnehmen. Das hausgemachte Pesto war mit das beste, was ich je auf meinen Nudeln hatte. Auch Esmeraldos Marmeladen, Dressings und Lieblingsweine sind zu empfehlen. Alle sechs Wochen wird die Karte neu geschrieben. Was immer bleibt, sind die Kräuter aus dem eigenen Garten, die schöne Stimmung und das passende Ambiente in der alten Mühle und der perfekte Weingenuss.

Adresse Mühltal 8, 56154 Boppard, Tel. 06742/5775 oder 0173/3231357, www.fondelsmuehle.de | **ÖPNV** Regionalzüge bis Bahnhof Boppard, von dort rund 900 Meter zu Fuß | **Anfahrt** B 9 von Bingen oder Koblenz bis Boppard, Abfahrt ins Mühltal | **Öffnungszeiten** Di–Sa ab 17 Uhr, feiertags ab 12 Uhr | **Tipp** An der Mühle führt der Bopparder Klettersteig vorbei. Anspruchsvoll führt er in luftige Höhen zum Vierseenblick und zu atemberaubenden Aussichten auf Boppard und die Rheinschleife.

29 Das Haus im Turm

Schon Adenauer fand's gut

Rhöndorf, ein Stadtteil von Bad Honnef, gehört zum Weinanbaugebiet Mittelrhein. Ich war von Beginn an beeindruckt von dem schmucken Dörfchen mit seinen gepflegten Fachwerkhäusern, dem von Blumen umsäumten Brunnen auf dem Markt, dem Rhein im Vorder- und dem schroffen Drachenfels im Hintergrund. Fehlt eigentlich neben der alten Zahnradbahn nur noch eine Seilbahn hinauf, aber auch darüber denken die Rhöndorfer bereits nach. Kein Wunder, dass Konrad Adenauer hier unweit des Regierungssitzes seine Wahlheimat fand und regelmäßig in der prachtvollen Villa Merkens zu Gast war, die heute den Namen »Haus im Turm« trägt.

Im Mittelalter stand hier eine Burg, ähnlich stolz streckt sich nun der Turm des Hauses gen Himmel. Durch ein schmiedeeisernes Tor spaziert man auf das weitläufige Gelände. Vom Gewächshaus und der Terrasse aus wandert der Blick über die herrliche Parkanlage mit teilweise seltenen Tulpen- und Trompetenbäumen sowie Spießtannen. Im Restaurant hat die Geschäftsführung sich – zum Glück – an die ursprüngliche Intention eines Weinlokals erinnert. Im Speiseraum und im Gewächshaus werden internationale Klassiker wie »Surf & Turf«, Wiener Schnitzel, Fischsuppe oder Caesar Salad serviert. Draußen vor der Terrasse gibt's im Sommer Leckeres vom Grill, und für den gepflegten Weingenuss pur sitzt man an der Bar im Eingangsbereich des Hauses. Dort finden sich auch am späteren Abend immer wieder neue Gäste ein. Man trifft sich halt mal eben im »Turm« auf ein Glas, das nicht nur mit guten Tropfen aus dem Mittelrheintal gefüllt werden kann. Unter der Firmierung »Haus im Turm« betreiben die Turmbesitzer der Familie Siebdrat ein kleines Weingut. Von dort kommen ein Rosé- und ein Rotwein-Cuvée, ein Weißburgunder und der sommerlich-leichte Weißwein aus Rivaner und Weißburgunder mit dem wundervollen Namen »Simply«.

Adresse Drachenfelsstraße 4–7, 53604 Rhöndorf, Tel. 02224/7799911, www.hausimturm.de | **ÖPNV** Bus 566, Haltestelle Rhöndorf Kapelle, von dort 150 Meter zu Fuß; Züge von Bonn bis Bahnhof Rhöndorf, von dort 300 Meter zu Fuß | **Anfahrt** B 42 von Bonn oder Koblenz, Abfahrt Rhöndorf auf Rhöndorfer Straße, vor der Marienkapelle links, Parken am Park | **Öffnungszeiten** Weinrestaurant: Mi–Fr 18–23 Uhr, Sa, So 12–23 Uhr | **Tipp** Eine sensationelle Weinauswahl mit der ersten Liga aus elf deutschen Weinanbaugebieten stellt das »Weinhaus Sülz« im benachbarten Oberdollendorf zu klassischer, gehobener Gutsküche.

30__Die Schlafweinfässer

Weingenuss direkt am Fluss

Der griechische Philosoph Diogenes von Sinope, Beiname »der Hund«, soll in einem Fass geschlafen haben. Er wollte betont einfach leben, stellte dies auch zur Schau und war, was man heute als einen Obdachlosen oder Durchreisenden bezeichnen würde. Auch gut 2.400 Jahre später hat sich das Wohnen im Fass nicht durchgesetzt, wir leben eher im Überfluss. Wohl gerade aus diesem Grund sehnen sich viele nach einer Auszeit vom turbulenten Alltag und wollen ihren Urlaub ohne jeden Luxus und Komfort verbringen. Ferien im Kloster, auf einer einsamen Berghütte auf dem Bauernhof sind beliebter denn je.

In der Weinwelt sind die von Weingütern angebotenen Übernachtungsmöglichkeiten eher komfortabel. Eine Ausnahme ist die Diogenes'sche Idee des Schlafens in einem Weinfass. Angeboten wird dies gleich an mehreren Orten. In Rüdesheim am Rhein schläft man auf einfachen Holzpritschen in Fässern, die im Innenhof des Rheingauer Hotels »Lindenwirt« stehen. Im fränkischen Bad Mergentheim gibt es außer Schlaffässern sogar Wohn- und Sanitärfässer. (Wem die Fass-Sache nicht behagt, der kann im dortigen »Jakobshof« auch in Ferienwohnungen unterkommen.) Die Weinfässer in Sasbachwalden haben ihren Platz mitten in der Natur mit herrlichen Ausblicken, dazu bekommen die Gäste Frühstück, Vesper, Secco und Wein.

Mein Favorit sind jedoch die fünf Schlaffässer vom Hotel »Anker« im UNESCO-Weltkulturerbe Oberes Mittelrheintal. Sie sind mit Strom, Heizung und bequemen Matratzen ausgestattet und stehen direkt am Ufer des Rheins. Wer auf der kleinen Holzterrasse vor seinem Fass Platz nimmt, kann die vorbeifahrenden Schiffe beobachten und dabei ein Glas Wein genießen. Die sanitären Anlagen sind wie auf einem Campingplatz direkt nebenan, geparkt wird hinter dem eigenen Fass. Und wer nach dem Aufstehen doch lieber bedient werden möchte, geht zum Frühstücken einfach ins Hotel.

Adresse Anker Hotel-Restaurant, Rheinuferstraße 46, 56341 Kamp-Bornhofen, Tel. 06773/215, www.hotel-anker.com, Standort Fässer: Rheinuferstraße 66a | **ÖPNV** Zug VIA 25 von Wiesbaden oder Koblenz, Bahnhof Kamp-Bornhofen, von dort rund 300 Meter zu Fuß | **Anfahrt** B 42 von Koblenz oder Rüdesheim, das Hotel liegt an der Straße, Parkplätze an den Fässern | **Öffnungszeiten** je nach Buchungslage ganzjährig | **Tipp** Wenn Sie wissen möchten, was ein anarchistischer Wein ist, finden Sie die Antwort, nach einer Fährfahrt nach Boppard, elf Kilometer rheinabwärts, im Weingut Weingart in Spay.

31 Der Schönburgblick
Oder die Verfeinerung des Bodenständigen

Wenn man einen bekannten Hotel- und Restaurantchef fragt, wo er am liebsten seinen Wein genießt, dann kann man überrascht werden. Vielleicht gerade weil er von hoher Küchenkunst und besten Weinen in altehrwürdigen Mauern umgeben ist, sucht er das Einfache, das Schnörkellose. So packt Josef Laufer aus dem Rheingau seine Frau, Schlafsäcke und Kissen ins Auto und fährt am Rhein entlang nach Oberwesel. Dort gibt es zwar auch ein erwähnenswertes Burgrestaurant, doch er kehrt nicht ein, sondern schlägt sein Zelt auf dem Campingplatz Schönburgblick auf. Hier sitzt (und liegt) man direkt am Rheinufer. Keine Straße, kein Gehweg, nichts liegt zwischen dem mitgebrachten Liegestuhl, der Picknickdecke und dem breiten Fluss. Rund 50 Stellplätze bietet die kleine Anlage, herzlich und familiär von Andreas Huber geführt und von März bis November in Betrieb.

»Ja, es gibt sicherlich bekanntere und noch bessere Weine in Oberwesel, aber die Ausschankweine im Biergarten der Camper sind wunderbar und die Ruhe himmlisch«, gibt Laufer zu Protokoll. Und, ja, die schmecken mit Blick auf die hoch oben thronende Schönburg oder die direkt vor der Nase vorbeiziehenden Dampfer und Lastschiffe besonders frisch und lecker. Das UNESCO-Weltkulturerbe Oberes Mittelrheintal zeigt sich hier von seiner besten Seite: steile Weinberge, alte Gemäuer, historische Weinstädtchen und Lebensfreude pur. Am beeindruckendsten, aber auch am vollsten, ist es nicht nur am Campingplatz, wenn bei »Rhein in Flammen« beleuchtete Schiffe und Feuerwerke den nächtlichen Fluss in einem Lichtermeer erstrahlen lassen. In der Altstadt von Oberwesel ist auch sonst viel los: Hexennacht, Mittelalter-Spektakel, Weinmarkt und das übliche touristische Treiben. Ein paar Schritte entfernt ist man wieder auf dem unaufgeregten Campingplatz. Und vielleicht wartet im Zelt oder Wohnmobil noch ein mitgebrachter Schlummertrunk.

Adresse Am Hafendamm 1, 55430 Oberwesel, Tel. 06744/714501, www.camping-oberwesel.de | **ÖPNV** Regionalbahn 26 und andere regionale Züge bis Bahnhof Oberwesel, von dort rund 500 Meter zu Fuß | **Anfahrt** B 9 von Koblenz oder Bingen bis Oberwesel, dort über eine parallele Nebenstraße bis zum Campingplatz | **Öffnungszeiten** Campingplatz: Mitte März–Nov., Biergarten: abhängig von der Wetterlage geöffnet | **Tipp** Einen guten Kilometer bergauf bekommt man im Restaurant der Schönburg in Single Malt eingelegten Rinderrücken und andere köstliche Gerichte. Dazu wird der passende Wein kredenzt (täglich außer Montag).

32_ Die Weinwirtschaft

Mit Riesling durch die Unterwelt

In Weinkellern lagern gute Weine. Hier reift der Traubensaft in
Tanks, Fässern und – nach der Abfüllung – in Flaschen zu großen
Gewächsen. Schwere Lastenaufzüge knattern in Zeitlupe hinunter.
Früher lagen hier ausschließlich Holzfässer, heute eher Edelstahl-
tanks, nur zur Abrundung kommt der Wein eine Zeit lang in Eichen-
fässer. Damit das besser klingt, nennt der Weinbauer seine Holzfässer
»Barrique«, was – aus dem Französischen übersetzt – eigentlich nur
Fass bedeutet. Diese Fässer werden zur Biegung der Dauben innen
verbrannt, und dieses »Toasting« verleiht »Barrique-Weinen« den
typischen weichen, vanilleartigen Geschmack. Beliebt nicht nur bei
den Rotwein-Liebhabern.

In Oberwesel in der 1890 erbauten »Historischen Weinwirtschaft« findet man einen dieser schönen Keller. Er dient jedoch heute weniger der Weinlagerung, sondern der Bewirtung der Gäste, die
in den Räumen darüber speisen, trinken und genießen. Die angebotenen Weine, vor allem von Weingütern aus dem Mittelrheintal,
passen zu den phantasievollen Gerichten wie »Hunsrigger Krum-
beereklees« (Hunsrücker Kartoffelklöße) oder »Lauworme Geiskäs«
(Lauwarmer Ziegenkäse). Die Stuben im alten Steinhaus sind liebevoll mit alten Möbeln eingerichtet, an den Wänden hängen historische Gemälde und zeitgenössische Fotos. Man sitzt in der »Gast-,
Wohn- oder Schloafstubb«, in der »Alt Kich« oder auf Holzbänken
im grünen Garten.

Iris Marx, die Inhaberin der Weinwirtschaft, ist ein Keller-Fan.
Sie kennt sich aus und veranstaltet Führungen in Oberwesel und
Bingen. Bei der Tour »Mit Riesling durch die Unterwelt« stehen
gleich drei Keller auf dem Besuchsplan. Start ist im Keller der eigenen Weinwirtschaft, der heute vor allem als Raucherraum dient.
Der Riesling schmeckt, dann ziehen die Gäste weiter und lernen die
historischen Weinkeller der Weingüter Zum Lamm und Hoffmann
kennen. Und genießen natürlich weitere Rieslinge.

Adresse Liebfrauenstraße 17, 55430 Oberwesel, Tel. 06744/8186, www.historische-weinwirtschaft.de | **ÖPNV** Regionalbahn 26 und andere regionale Züge bis Bahnhof Oberwesel, von dort rund 200 Meter zu Fuß | **Anfahrt** B 9 von Koblenz oder Bingen bis Oberwesel, dort am besten an der B 9 oder im Parkhaus des »Hotel Augustin« parken | **Öffnungszeiten** Do–Mo ab 16 Uhr, So ab 12 Uhr, Kellerführungen auf Anfrage | **Tipp** In der Weinbar des »Hotel Römerkrug« am Oberweseler Marktplatz, gut 450 Meter von der »Weinwirtschaft« entfernt, genießt man zu Käse- und Wurstplatten eine gute Auswahl regionaler, nationaler und internationaler Weine.

33 Alte Stadtmauer
Frische Katz und dicke Steaks

Es hat etwas von großer Welt, von Chicagoer Brückenlokalen, New Yorker Künstlerviertel, von alten Zeiten mit Burgen und hohen Stadtmauern. Wenn man durch die Straße Am Römerbad hinaufgeht, hat man das Gefühl, sich einfach nur einem kleinen Tor mit Glasscheibe zu nähern. Kurz davor erkennt man, dass es eigentlich ein Gewölbekeller ist, der sich allerdings ebenerdig befindet. Die Weinstube in der alten Stadtmauer von Zell begeistert beim Reinkommen. Jeder Stein atmet das Pathos der Geschichte des kleinen Weinstädtchens. Die Zeit stünde still, wenn es drinnen nicht so fröhlich zuginge.

Vor über 5000 Jahren soll es hier bereits die ersten Ansiedlungen gegeben haben. Erst im 13. Jahrhundert haben die Einwohner eine Stadtbefestigung errichtet. Seitdem war trotz des Sicherheitswalls viel los. Kriege und Brände zerstörten den größten Teil der Stadtmauer. Heute geht es friedlich zu in Zell, im Sommer ist mehr, im Winter etwas weniger los. Die Häuser schmiegen sich an die Mosel. Rechts und links zwei Wohnhäuser, dazwischen flacher die »Weinstube Alte Stadtmauer«, die Jörg Josef Lehmen – selbstredend – mit seinen eigenen Wein im Ausschank betreibt. Während die Flaschen in einfachen Holzregalen liegen, stehen die Gäste mit ihrem Glas an Fässern oder der Theke. Wenn es schön ist, füllt sich darüber eine Terrasse, die auf den Resten der Mauer angelegt wurde. Hier kennen sich viele, Gäste sind gleichwohl willkommen. Einheimische essen Steaks vom Grill und erzählen Anekdoten aus der Stadt. Der Winzer unterstützt die lockere Atmosphäre mit einer überraschend großen Bandbreite an Weinen, das meiste aus der weltberühmten Weinlage »Zeller Katz«, einiges aus der »Zeller Burglay«. Trockene Rieslinge, Rivaner, Kerner, einen »Mosel-Champagner« und veganen Traubensaft schenkt er aus. Es ist aber eigentlich auch egal, was man trinkt, denn schmecken tut es hier immer.

Adresse Weinbar »Alte Stadtmauer«, Oberstraße 44, 56856 Zell, Tel. 0160/91266406, www.lehmenwein.de | **ÖPNV** Bus 333, Haltestelle Kaimt Schulzentrum, von dort knapp 1,5 Kilometer zu Fuß | **Anfahrt** B 421 bis Zell an der Mosel, am Kreisel in die Brandenburg, dann leicht rechts in die Oberstraße | **Öffnungszeiten** Mo, Do und Fr 17–23 Uhr, Sa und So 13–23 Uhr | **Tipp** Im Stadtteil Merl liegt das traditionsreiche Weingut Ernst Steffens. Von Mai bis Juni und August bis Oktober werden die Weine im Pavillon mit Blick auf die Mosel ausgeschenkt.

34 Der Botschafter

Oder eine Moselfamilie »par excellence«

»Wein- und Kulturbotschafter« ist ein richtiger Beruf. Während der rund 150-stündigen Ausbildung lernt man alles Mögliche über den Weinbau, Verkostungen und die Landschaft, auch touristische Informationen und Tipps abseits der ausgetretenen Pfade gehören zum Unterrichtsstoff. Nach abgelegter Prüfung bei der IHK organisiert man in Zusammenarbeit mit Winzern und Tourismusbüros Veranstaltungen für Gäste.

Im Weingut Schauf teilt sich die Familie die verschiedenen Aufgaben. Karl Schauf ist Winzer und bewirtschaftet mit seinem Bruder Werner das Familienweingut. Karls Frau Helma kocht für die Gäste. Sohn Karl junior arbeitet im Weingut, Sohn Gerd ist Wein- und Kulturbotschafter. Wenn es bei allen so zuginge wie bei den Schaufs, wäre die Mosel unschlagbar. Wenn man diese gastfreundliche Familie kennenlernt, weiß man, warum. Wo andere an der Pforte zum Weingut dem Gast die Frage nach der Anzahl der gewünschten Weinflaschen an den Kopf granteln, bitten die Schaufs erst einmal in die gute Stube, schenken ihren Wein ein und lassen in Ruhe probieren. Und Gerd Schauf, der jüngste Vorsitzende des Karnevalvereins »Edschara Stiehkraare« (Ediger Stehkragen) aller Zeiten, nimmt die Gäste mit, springt wie eine Bergziege auf dem Klettersteig die Steilberge hinauf und schwärmt von Grau- und Buntschiefer, von Feigen- und Olivenbäumen. Er ist stolz auf sein Moselland. Oben in der eigenen Winzerhütte auf dem Calmont angekommen, versorgt er die Gäste mit dem leckersten Riesling »ever«, verteilt Brote, erzählt von der Moselgeschichte und schwärmt von der Handarbeit in den Steillagen. Zusammen mit zwei weiteren Botschaftern hat Gerd Schauf Wein- und Erlebnistouren erarbeitet. »Dreiklang« nennen sie das und vermitteln ihren Besuchern, neben viel Wissen, die Lebensfreude, die man bei Schaufs schon bei der Begrüßung spürt. Das ist wahrer, emotionaler Weingenuss.

Adresse Weingut Schauf: St. Jakobstraße 18, 56814 Ediger-Eller, Tel. 02675/288, www.schauf-weine.de | **ÖPNV** Bus 711, Haltestelle Ediger-Eller Bachstraße, von dort gut 100 Meter zu Fuß; Regionalbahn, Bahnhof Ediger-Eller, von dort rund 700 Meter zu Fuß | **Anfahrt** B 49 bis Ediger-Eller, am Ortseingang über Bachstraße, 2. Straße links in die St. Jakobstraße biegen | **Öffnungszeiten** Weingut: Mo–Sa 8–20 Uhr, Tourstart: Sa 10.30 Uhr am Weingut | **Tipp** Im historischen »St. Martinus Keller« in der Kirchstraße 9 gibt's Moselweine, »deftig Mosellanisches«, Steaks und Schnitzel. Gleich mehrere alte Gewölbekeller heißen die Gäste willkommen (www.martinuskeller.de).

35 Das Calmont-Gipfelkreuz
Schwindelfreies Wein-Picknick

Sie ist wohl die meistfotografierte Naturschönheit der Region: die Moselschleife bei Bremm. Der Fluss macht hier die größte Biegung in seinem Verlauf, das Wasser rauscht schneller als anderswo. Den besten Blick hat man vom steilsten Weinberg Europas, der Neigungen bis zu 65 Grad aufweist. Er trägt den Namen Calmont, und so heißt auch die Weinlage. Winzer, die hier arbeiten, leisten Knochenarbeit, denn die Rebflächen werden mühevoll von Hand bewirtschaftet. Bremm ist schön, aber die Auszeichnung, zu den »schönsten Dörfern der Welt« zu gehören, hat es vermutlich nicht aufgrund der Handvoll Weingüter und Weinlokale oder dem Dorfladen – es ist vielmehr die Lage, die den Weinort einzigartig macht.

Das wissen auch die Bremmer und ganz besonders Ulrich Franzen. Der hat sich um diese Hänge ein halbes Leben lang gekümmert, 7.900 Rebstöcke gepflanzt und Trockenmauern angelegt. Auch eine Monorackbahn hat er installiert, die Werkzeug nach oben und Trauben nach unten bringt. Seine Weine, die mittlerweile von den Nachkommen gemacht werden, erzählen Geschichten, und die kann man an jeder Flasche nachlesen. Auch Michael Franzen produziert Bremmer Wein, und er teilt die schönste Aussicht mit seinen Gästen. Wer Kondition und Trittsicherheit mitbringt, steigt rund zwei Kilometer hinauf durch die Steillage, mit einem anerkennenden Nicken für die Arbeit der Winzer. Die Tour ist machbar, aber anstrengend, stabile Schuhe sind Pflicht. Bequemer geht's mit dem Auto über die Landesstraße 106 Richtung Beuren, rechts zum »Calmont Parkplatz« und zu Fuß weiter bis zum hölzernen Gipfelkreuz, dem Ziel der Tour. Am Wochenende gibt es die Rieslingweine der hier wachsenden Trauben, Kuchen und deftige Kleinigkeiten aus einer offenen Blockhütte. Wochentags sollte man selbst Picknick und eine gute Flasche im Gepäck haben. Und dann bitte die Kamera zücken, für die schönste Natursehenswürdigkeit der Mosel.

Adresse Weingut Michael Franzen, Brunnenstraße 55, 56814 Bremm, Tel. 02675/217, www.michael-franzen.de | **ÖPNV** Bus 711, Haltestelle Bremm, von dort gut 2 Kilometer zu Fuß bergauf | **Anfahrt** A 48, Abfahrt Ulmen, B 259 Richtung Cochem, links auf der B 49 bis Bremm | **Öffnungszeiten** Gipfelkreuz: durchgehend, Ausschank: Sa, So und Feiertage ab 10 Uhr | **Tipp** Wunderbar wandern kann man auch auf der anderen Mosel-seite – teilweise mit Blick auf den Calmont – zur Klosterruine Stuben.

36 Der Freundschafts- weinberg

Weine über dem Tellerrand

Bei einem Spaziergang durch die Weinberge rund um Winningen queren die Bahngleise meinen Weg. Entlang der Moselbahnstrecke entdecke ich einen Weinberg mit kleinen Schildern an jeder Zeile. »Dieser Weinberg wurde angepflanzt von unseren Freunden aus …« – es folgen Namen und Flaggen verschiedener Länder, das Datum 27. Juni 2009 und ein Hinweis auf das »12. Internationale Folklorefestival«. Zurück im 2.500 Einwohner zählenden Weindörfchen, frage ich nach. Das sei der Freundschaftsweinberg von Reiner Fries. Sein Weingut legte bereits 1986 – für die Mosel zu dieser Zeit völlig untypisch – mit einer Sondergenehmigung einen Rotweinberg an. Seine im Barrique ausgebauten Spätburgunderweine sind nach wie vor ausgezeichnet, wenn auch bei ihm der Riesling aus den steilen Moselweinbergen überwiegt.

Zurück zum Freundschaftsweinberg: Die Idee dazu hatte Reiner Fries bei einer Reise mit seiner Winzer-, Trachten- und Tanzgruppe Winningen zu einem Folklorefestival in Mexiko. Dort, in Zacatecas, wurden für den Silberabbau riesige Wälder gerodet. Zurück blieb eine karge Kakteenlandschaft. Die mexikanischen Gastgeber luden die vielen Folkloregruppen aus aller Herren Länder ein, bei der Aufforstung mitzuhelfen. Jede bekam eine Parzelle, dazu fachkundige Unterstützung, und mit musikalischer Begleitung pflanzten die Tänzer den »Wald der Freundschaft«. Mit dieser Anregung im Gepäck entstand die Idee, einen »Weinberg der Freundschaft« in seiner Heimat anzulegen. Gemeinsam mit Teilnehmern des Winninger Folklorefestivals wurde das Jungfeld 2009 bestellt, und jede Zeile erhielt ein Schild der Tanzgruppe, die ihn gepflanzt hat. »Im Herbst werden die Trauben vereint und vollführen einen gemeinsamen Tanz der Aromen«, schwärmt Fries. Und jedes Jahr schickt er den Tanzgruppen einige Weinflaschen – zum Zeichen ihrer Freundschaft.

Winninger Hamm

Adresse Weingut Fries, Bachstraße 66, 56333 Winningen, Tel. 02606/2686, www.weingut-fries.de | **ÖPNV** Regionalbahn bis Bahnhof Winningen, von dort gut 500 Meter zu Fuß | **Anfahrt** A 61, Abfahrt Koblenz-Metternich, L 125 bis Winningen, nach der Ortseinfahrt rechts in die Bachstraße | **Öffnungszeiten** durchgehend, Weingut: Mo – Fr nach tel. Anfrage | **Tipp** Weine ausschließlich aus Winningen trinkt man zur frischen Landküche in »Klein's Fronhof«, einem der ältesten Häuser des Städtchens.

37__Das Genuss-Gymnasium
Entspannt probieren im alten Kelterhaus

Mönche begannen in Deutschland mit dem Weinbau. Pfarrer besaßen Weinberge und Weinkeller. Und heute machen Pilger an Weinbrunnen und Weinschänken Station. Die christliche Religion ist mit dem Wein verbunden wie Bayern mit dem Bier. Der »Lebenssaft des Weinstocks« kommt seit Jahrhunderten aus den Diözesen des Landes. In den Geschichtsbüchern kann man nachlesen, dass Mönche für den »Eigenbedarf« mehrere Liter am Tag zugeteilt bekamen. Ich hoffe mal, dass davon auch einiges an die gläubigen Bürger der Umgebung ging.

Die Weingüter in den einzelnen Pfarreien sind heute fast ausgestorben, die Weinberge verkauft oder verpachtet. Zwei Diözesan-Weingüter machen es anders. Hier wurde in den vergangenen Jahren aufgerüstet, modernisiert und Weinkompetenz dazugeholt. Peter Perabo vom Bischöflichen Weingut Rüdesheim räumt mit seinen Weinen Preise ab, Tendenz steigend. Kellermeister Johannes Becker in Trier steht ihm kaum nach. Seine Weine trinkt man am besten in der Weinwirtschaft »Friedrich-Wilhelm«, gleich um die Ecke der gigantischen Bischöflichen Weinkeller, die sich – einst von den Römern angelegt – über rund 30.000 Quadratmeter unter der Altstadt von Trier erstrecken. Das Weinlokal in einem alten Kelterhaus gibt es schon seit 1561 – eine Institution. Es ist toprenoviert, dennoch urig und ursprünglich. Gegessen wird aus Omas Küche von der Mosel, Maultaschen, »Himmel und Erde«, Tafelspitz, Pilz-Risotto oder Ofenkartoffeln. Zum bischöflichen Wein und feinen Tropfen aus dem Weingut Rink gibt es ausgesprochen köstliche, phantasievolle Tapas, auch in der benachbarten Vinothek, wenn man mal die Karte hoch und runter probieren möchte. Draußen sitzt man auf der Wiese zwischen historischen Wirtschaftsgebäuden des Weingutes Friedrich-Wilhelm-Gymnasium, das aus einer Stiftung hervorging. Empfehlung: das drei- oder viergängige Überraschungsmenü mit begleitenden Weinen.

Adresse Weberbach 75, 54290 Trier, Tel. 0651/99474800, www.weinwirtschaft-fw.de | **ÖPNV** Bus 2, 7, 14, 30, 81, 84, Haltestelle Konstantin Basilika, von dort einen Steinwurf entfernt | **Anfahrt** A 64, Abfahrt Trier, B 51 und B 49 über die Mosel, rechts um die Altstadt, Südallee, Weberbach bis Parkhaus Basilika | **Öffnungszeiten** Mo – Sa 12 – 15 und 18 – 23 Uhr | **Tipp** Weingenüsse nicht nur von der Mosel gibt es in den drei Restaurants des Hotels »Eurener Hof«. Die riesige Riesling-Auswahl wird auch im einfachsten Lokal des Trierer Hotels, in der »Gutsstube«, angeboten.

38 Das Moselweinmuseum
Woher kommt der Portugieser?

Traditionen sind Andreas Schlagkamp wichtig. Sein Weingut Schlagkamp, früher Schlagkamp-Desoye, mit österreichischen, belgischen und französischen Wurzeln, gibt es seit über 400 Jahren. Der Winzer verbindet die Historie mit der Gegenwart und pflegt seine bis zu 60 Grad steilen Weinberge auf Schiefergrund. Vor allem Rieslinge, ein bisschen Weiß-, Grau- und Spätburgunder sowie Elbling, eine der ältesten Rebsorten Europas, kommen in die Flaschen. Sein heftig-süßer, natürlicher Traubenmost »Fedz«, eiskalt getrunken, ist mit nur fünf Prozent Alkohol ein sommerliches Gedicht für Zuckermäulchen.

Seine Heimat Mosel ist dem engagierten Winzer wichtig. In Kooperation mit Kollegen versucht er die Kulturlandschaft Mosel zu erhalten. Für ihn ist Weingenuss auch Lebensqualität. Deshalb verschmelzt er Weinbau, Geschichte und Kultur und hat mit einem Freundeskreis Gleichgesinnter im eigenen Weingut ein Museum eröffnet. Vor allem im Festsaal bildet der Großteil von Winzer-, Küfer- und Weinbehandlungsgeräten eine weltweit einmalige Sammlung. Sein Vater Dieter Schlagkamp hat diese Objekte zusammengetragen. Ein Besuch des Museums kostet drei Euro – inklusive einem Glas Wein! Auch das ist wohl einmalig. Dabei ist der Ort keineswegs ein verstaubter Abstellplatz, sondern mit Sprachboxen ausgestattet, die wahlweise in Deutsch, Englisch oder Niederländisch Informationen zu den einzelnen Fundstücken ausspucken. Los geht es im Felsenweinkeller mit Wasserfall und Brunnen, wo man etwas über die Sektherstellung und die Weinabfüllung erfährt. Durch das alte Kelterhaus geht es in den Hauptraum, in dem der Wein schon wartet und am liebsten auf der Terrasse verkostet wird. Das Ganze ist so gut, dass selbst die staatlichen Museumswächter aufmerksam wurden und der Sammlung den offiziellen Status als »Museum in privater Hand« verliehen. Und wem es besonders gut schmeckt, der nimmt eine Flasche mit und pflegt zu Hause die Wein-Tradition weiter.

Adresse Zeller Straße 11, 56820 Senheim, Tel. 02673/4381, www.schlagkamp-desoye.de |
ÖPNV Bus 716, Haltestelle Senheim Gestade, von dort rund 300 Meter zu Fuß | **Anfahrt**
B 49, entlang der Mosel bis Senhals, über die Moselbrücke nach Senheim, zweimal rechts in
Am Gestade und Zelter Straße, wenige Stellplätze in der Straße, besser: Parkplatz Am
Gestade, von dort rund 150 Meter zu Fuß | **Öffnungszeiten** Weinmuseum: Ostern – Ende
Okt. Mo – Sa 10 – 17 Uhr, Weingut: Mo – Sa 10 – 17 Uhr | **Tipp** Im »Schinkenkeller« in der
Brunnenstraße, unweit des Museums, gibt's im Gewölbekeller ein Schinkenlädchen und
Frisches aus der eigenen Räucherkammer zum heimischen Wein. Eine feine Genuss-
Kombination in tollem Rahmen.

39__Das Rieslinghaus
Die Königin der Weißweinreben

Ach, was würde man sich doch gern mal bei den vermeintlich besten Weingütern durchtrinken. Den einen mit dem anderen vergleichen, verschiedene Lagen nebeneinander, die Terroirs herausschmecken und mit jedem Schluck sich ein Stückchen mehr seinem Lieblingswein nähern. Nein, ich meine nicht die vielen Jahrgangspräsentationen der Winzer und Verbände und auch nicht die erlebenswerten Weinfeste. Hier wie da sind Scharen von Weingenießern unterwegs und wollen alle nur nach vorne an die Theke. Nein, ganz in Ruhe, fast allein und mit einem Weinkenner, der einem den Weg weist.

Im »Rieslinghaus« geht das. Hier empfängt Ingrid Kropf die Freunde der edelsten deutschen Weißweintraube. Also vorbei an den vielen anderen, doch eher touristischen Weinläden der Stadt. Die Meister ihres Fachs sind hier dabei. Über 500 Weine aus knapp 50 deutschen Kellern. Eine Auswahl gefällig? Dönnhoff und Schäfer-Fröhlich von der Nahe, Keller aus Rheinhessen, Wegeler aus dem Rheingau und Zilliken von der Mosel um die Ecke. Alle eint, dass sie für Riesling leben und bewiesen haben, Rieslinge vortrefflich in die Flasche zu bekommen. Das Erstaunliche: Einige Winzer beliefern das »Rieslinghaus« mit ihren kompletten Kollektionen. Im Weingut und anderswo schon ausgetrunken, bekommt man hier noch den einen oder anderen Tropfen. Und das zum Weingutspreis. Eine riesige Auswahl kann man vor Ort probieren, dabei auch einige Hochkaräter aus älteren Jahrgängen. Man kauft sich ein Ticket für fünf Weine und lässt sich beraten – Riesling trocken, feinherb, fruchtsüß, für jeden Geschmack gibt es was. Dann erfährt man auch, warum auf der Hausfront »Weinhaus Porn« steht, denn das seit über 100 Jahren im Stadtkern verankerte »Rieslinghaus« gehört seit rund 50 Jahren einer Familie dieses Namens. Und wenn die Probe etwas zu ausführlich wird: Im »Rieslinghaus« gibt's auch Zimmer zum Übernachten.

Adresse Hebegasse 11, 54470 Bernkastel-Kues, Tel. 06531/6258,
www.rieslinghaus-bernkastel.de | **ÖPNV** Bus 301, Haltestelle Kues Forum, von dort gut
450 Meter zu Fuß; Bus 333, Haltestelle Doctor-Brunnen, von dort rund 250 Meter zu Fuß |
Anfahrt B 53 entlang der Mosel bis Bernkastel-Kues, Abfahrt in die Hebelstraße, Parkplatz am
Moselufer | **Öffnungszeiten** Nov.–April Mo–Fr 14–18 Uhr, Sa–So 11–18 Uhr, Mai–Juli und
Okt. Mo–Fr 10–12 und 14–18 Uhr, Sa–So 11–18 Uhr, Aug.–Sept. Mo–So 10–18 Uhr |
Tipp Über die Brücke geht es zum Weinmuseum. Nachdem man dort viel Interessantes
erfahren hat, lädt die angeschlossene Vinothek zur Stärkung ein.

40 Der Weinbahnhof
Ankunft statt Abfahrt

Flughäfen und Bahnhöfe schüren Fernweh. Man sehnt sich nach einem anderen Ort, träumt von schönen Landschaften, gutem Essen, einem Ort, an dem man sich wohlfühlt. Nicht so im »Weinbahnhof«. Hier ist man bereits angekommen. Und der Weingenuss beginnt gleich am Gleis. Früher, von 1879 bis 1962, hielt hier die Moseltalbahn, gern auch als »Saufbähnchen« bezeichnet, da man von Trier oder Koblenz aus auf dieser Strecke zu vielen Weinlokalen reisen konnte. Heute ist das Weinlokal direkt im Bahnhof, und dort, wo die Gleise waren, sind jetzt die Radfahrer unter sich.

Das vor ein paar Jahren fast zur Ruine verkommene Gebäude wurde aufwendig renoviert. Von außen erinnert das Steinhaus mit seinem Schieferdach noch an den Bahnhof, ein Anbau aus Stahl und viel Glas bietet weitere Sitzmöglichkeiten und direkte Sicht auf eine der vielen Moselschleifen und das Weindorf Trittenheim. Im Inneren wurden die Bruchsteinwände freigelegt und ein Boden aus Eifeler Basalt verlegt. Die Schieferwand zur Hangseite gehört zur Premium-Weinlage »Trittenheimer Apotheke«. Stilvolle Regale und Tische aus französischem Nussbaum verleihen den Räumen eine schicke, moderne Gemütlichkeit. »Bukett – Genuss im Weinbahnhof« nennt diesen herrlichen Ort die Weinakademikerin Christa Jüngling vom Weingut Paulinshof in Kesten, das – im Jahr 936 erstmals als Stiftshof der Kirche St. Paulin erwähnt – zu den ältesten Weingütern Deutschlands gehört. Ihre Steillagenweine stehen im Mittelpunkt der Karte, aber es gibt auch welche von anderen Weingütern. Es ist eine wahre Freude, von der Terrasse aus auf die Mosel zu schauen mit einem Riesling im Glas. Spitzenköche nutzen den Bahnhof als Popup-Restaurant. Und zur Verdauung kraxelt man auf den Wegen einer der steilsten Weinlagen der Mosel den Berg hinauf, versteht, wie hier die erstklassigen Weine entstehen, erfreut sich an den vielen alten Rebstöcken und hält demütig vor der harten Arbeit der Winzer inne.

Adresse Weinbahnhof: Moselbahnhof an der L156, gegenüber Trittenheim; Weingut: Paulin-
straße 14, 54518 Kesten, Tel. 06535/544, www.paulinshof.de | ÖPNV Bus 333, Haltestelle
Trittenheim Brücke, über die Moselbrücke rund 400 Meter | Öffnungszeiten März–Dez. Di–So
11–19 Uhr | Tipp Ein paar Schritte weiter geht es über eine Brücke nach Trittenheim. Ein
Spaziergang auf der Moselpromenade führt zu mehreren weiteren Weingütern.

41 Das Weinsinnig
Basisdemokratische Weinkarte

Fast unscheinbar steht das ehemalige Zunfthaus der Trierer Zimmerleute zwischen den höheren Nachbarn. Um 1400 wurde das gotische Gebäude mit einer Kelterhalle gebaut. Heute macht Manuela Schewe ihre Kunden hier »weinsinnig«, wie sie es nennt. Ihre Weinbar ist eine Mischung aus Weinhandlung und Weinbistro, eher schlicht als überladen, doch mit vielen liebevollen Details. Die Gäste nehmen an kleinen, runden Tischen Platz, und wenn's drinnen voll ist, werden Stühle auf den Bürgersteig gestellt. Die Inhaberin ist nicht nur Sommelière, sondern hat auch pfiffige Ideen. Bis vor Kurzem gab es Weine eines Winzers, der sich in einem Weinfass versteckte und von den Gästen erraten werden musste, bevor die Verkostung begann. Die Fragen der gespannten Weingenießer wurden mit Klopfen für »Ja« und Quietschen für »Nein« beantwortet. Schließlich sprang, wie die Geburtstagsüberraschung aus der Torte, der geratene Weinmacher aus dem Fass. Dann endlich durfte getrunken werden.

Meine »weinsinnige« Lieblingsidee ist eine basisdemokratische Weinkarte, und das geht so: An der Wand werden die im Ausschank erhältlichen Weine in Flaschenhaltern gezeigt. Ist eine Flasche ausgetrunken, darf der Gast entscheiden, welche Flasche aus dem Gesamtsortiment den leeren Platz füllt – vorausgesetzt, er bestellt davon ein Glas. Die Weinkarte, die keine ist, wird somit innerhalb eines Tages ständig erneuert. Wer etwas anderes möchte, bestellt eine ganze Flasche und bekommt diese gegen Korkgeld geöffnet. Die Auswahl an Spitzenwinzern der Mosel ist dabei enorm. Bekannte Größen wie die Weingüter Bender, Heymann-Löwenstein, Lauer, Markus Molitor, Pauly oder Stephan Steinmetz beliefern die Weinbar und Vinothek, auch Günther Jauch mit seinem Weingut von Othegraven gehört dazu und saß ebenfalls schon im Fass. Für den kleinen Hunger zwischendurch kann man Antipasti, Bergkäse aus der Eifel und frische Flammkuchen bestellen.

Adresse Palaststraße 12, 54290 Trier, Tel. 0651/9790156, www.weinsinnig.com | **ÖPNV** Bus 2, 7, 14, 30, 81, 84, Haltestelle Konstantin Basilika, von dort 200 Meter zu Fuß | **Anfahrt** B 49 an der Mosel entlang bis Römerbrücke, über Südallee und Weberbach bis Konstantinstraße, Parkhaus Konstantin, von dort gut 100 Meter zu Fuß | **Öffnungszeiten** Di–Sa ab 11 Uhr | **Tipp** 500 Meter von der Weinbar entfernt machen die Winzer in einem der beiden einzigen Bischöflichen Weingüter in Deutschland noch wenig bekannte, aber erstklassige Weine. Das zweite befindet sich übrigens in Rüdesheim am Rhein.

42 Die Weis-Weinstube

Genuss unter Deckengemälden

Wie man sich doch täuschen kann. Beim ersten Blick auf das Hotel Weis sehe ich etwas Mondänes, gepflegt, aber auch etwas bieder kommt es daher. Eine schmucke blassgelbe Fassade, ein schiefergedecktes Mansardendach. So schön ordentlich, dass ich zuerst an ein Kurhaus denke. Hinter dem großen Komplex erheben sich die sanften Hügel des Osburger Hochwaldes. Die Mosel ist rund zwei Kilometer entfernt, die Trierer Porta Nigra zehn. Egal, was mich nun erwartet, es ist ein Ort der Erholung, weit weg vom touristischen Trubel.

Mitte des 19. Jahrhunderts war das sicherlich nicht anders. Damals gab es ein Weingut im benachbarten Kasel. Das Thüringer Adelsgeschlecht von Beulwitz gab ihm seinen Namen. Sogar bis zur Pariser Weltausstellung hatten es die Weine gebracht und dort Lob geerntet. Und Anerkennung finden sie auch heutzutage. Der Hotelier Herbert Weis aus Mertesdorf übernahm 1982 das Gut, integrierte es in sein Hotel und sicherte so die gute Qualität seiner regionalen Weine. Er heiratete Mechthild Meyer, die als ehemalige Deutsche Weinkönigin über hohe Weinkompetenz verfügt, und ist heute als Kellermeister selbst für die Weine zuständig. Die kann man an der Bar der Vinothek mit Kachelofen, im Hotelrestaurant »Vinum« zu einem Ruwerer Regionalmenü oder in der Weinstube probieren. Letztere hat mich dann endgültig überzeugt. Holzgetäfelte Wände, alte Krüge auf dem Sims darüber, hübsche bunte Deckenmalereien, dazu passende Gardinen und eine ringsum laufende Bank sind der Inbegriff einer »guten Stube«. Warm, herzlich und urgemütlich. Hier will man sein, hier kann man Weine genießen. Die kleine Vesperkarte mit Gulaschsuppe, Käseteller, Räucherforelle oder Winzersteak passt perfekt zu diesem Ambiente. Vor allem Ruwer Rieslinge gibt es dazu, aber auch Spätburgunder und einen Karl-Marx-Wein, in Erinnerung an den in Trier geborenen Ökonomen und Philosophen.

Adresse Hotel Weingut Weis, Eitelsbacherweg 4, 54318 Mertesdorf, Tel. 0651/95610, www.hotel-weis.de | **ÖPNV** Bus 30, 86, Haltestelle Eitelsbach Mitte | **Anfahrt** A 602, Abfahrt Trier-Ehrang, L 145 über Ruwer und Eitelsbach bis zum Ziel | **Öffnungszeiten** Weinstube: täglich 10–23 Uhr, Weinproben nach Voranmeldung | **Tipp** Einen Besuch wert ist im Nachbarort Kasel in der Bahnhofstraße 2 das Weinhaus »Neuerburg« mit Vinothek, Weinstube und 50 Weinen – 20 davon im Ausschank – von zwölf Spitzen-weingütern aus der Region.

43___Die blaue Meise
Weinbar im Gewölbekeller

Um es vorwegzusagen: An der Nahe spielt die Gourmetküche rund um den hiesigen Wein keine so große Rolle. Viele kleine, nette Landgaststätten und einige wenige renommierte Restaurants locken die Gäste. Ein echtes Highlight der kulinarischen Landschaft ist dagegen der »Meisenheimer Hof«. In der winzigen Stadt ist die Welt mehr als in Ordnung. Man freut sich, dass seit 500 Jahren kein Krieg mehr hier irgendetwas zerstört hat, und pflegt die schmalen Kopfsteinpflastergassen, kleinen Fachwerkhäuschen und die alles überragende Schlosskirche. Zehn Kilometer von der Nahe entfernt, pflegt Markus Pape hier eine bodenständige, aber kreative, eine regionale, aber weltoffene Küchenphilosophie. Gleich drei Restaurantbereiche gibt es in seinem »Meisenheimer Hof«. Ins »Jagdzimmer« kommen die Jäger zum Stammtisch, ihr erlegtes Wild gehört zu den Spezialitäten. In der »Brunnenstube« verbirgt sich hinter einer Glasplatte eine alte Quelle, im dazugehörigen Innenhof an der Stadtmauer diniert man im Sommer im Freien. Die »Blume« schließlich erinnert an alte Wirtshauszeiten, als man sich noch in der guten Stube versammelte.

Meine Empfehlung für einen Digestif oder den »Rollschoppen« nach einem guten Mahl ist die Weinbar »Zur blauen Meise«. Im uralten Gewölbekeller des Hauses, das schon 1699 als Gasthaus Erwähnung findet, versteckt sich in einer kleinen Nische die über die komplette Breite gebaute zeitlose Bar. Hier gibt es Whiskey und Gin und eine facettenreiche Weinauswahl. Markus Pape hat die komplette Kollektion des Odernheimer Weingutes Klostermühle, seinem benachbarten Stammweingut, das auch exklusiv für ihn einige Weine kreiert. Darüber hinaus findet man alle herausragenden Nahe-Winzer sowie Winzerfreunde vieler anderer Weinanbaugebiete in Deutschland und Europa. Um es kurz zu machen: Der »Meisenheimer Hof« von Küchenmeister Markus Pape ist ein perfekter Ort für echte Weingenießer.

Adresse Obergasse 33, 55590 Meisenheim, Tel. 06753/1237780, www.meisenheimer-hof.de |
ÖPNV Bus 260, 262, 263, 265, Haltestelle Meisenheim Lindenallee, von dort rund 250 Meter
zu Fuß | **Anfahrt** von Bad Kreuznach, B 48, L 379, B 420 bis Meisenheim, über Deslocher
Straße und Obertor in die Obergasse, öffentlicher Parkplatz Lindenplatz, 300 Meter entfernt |
Öffnungszeiten Di – Mi 18 – 22 Uhr, Do – So 12 – 14 und 18 – 22 Uhr | **Tipp** Im hoteleigenen
Café »Meisentörtchen« müssen Sie die Originalgrafiken des bedeutenden Künstlers Hans
Thoma gesehen und unbedingt ein Stück Kuchen probiert haben.

44 Die Hermannshöhle

Schlemmen im alten Fährhaus

In einer Biegung der Nahe wurde einst Kupfer abgebaut. Tief in die malerische Anhöhe ragten die Bergwerksstollen über dem Fluss. Den überquerte man mit einer Fähre. Der Fährmann baute sich ein Haus, und einer seiner Nachfolger eröffnete darin ein Gasthaus, in dem die Fahrgäste übernachten konnten, bevor sie am Morgen ans andere Ufer übersetzten. Eine neue Brücke bedeutete das Ende für den Fährbetrieb, das Gasthaus jedoch blieb. Die »Hermannshöhle« ist nach dem Hang benannt, vor dem sie steht, die Straße davor und die dortige Weinlage tragen ebenfalls diesen Namen. Knapp 50 Meter geht es nach oben. Der Boden, eine Mischung aus Schiefer, Vulkangestein, Kalk, Sand und Lehm, bietet die Grundlage für eine der besten Rieslinglagen Deutschlands, eine »Große Lage«. Zwei Weingüter teilen sich den Großteil des begehrten Hanges und bauen Weine von Format mit dem unverwechselbaren »Hermannshöhlen«-Geschmack aus: Dönnhoff und Jakob Schneider.

Der Genuss beginnt bereits bei der Anfahrt und dem herrlichen Panorama mit Weinbergen und Flusslandschaft, in der man sich den damaligen Fährbetrieb gut vorstellen kann. Vor Ort muss man in die Vinothek. Die ist luftig gestaltet, freundlich und hell und enthält von C wie Crusius über H wie Hees bis S wie Stein einige der besten Winzer der Umgebung. Am einmal monatlich stattfindenden »Winzerstammtisch« stellen sich die Winzer persönlich mit sechs ihrer Weine vor – Tellergericht inklusive. Das bereitet der Inhaber und Küchenmeister Wigbert Weck zu. Er ist vor über zehn Jahren, nachdem er auch in der Sterne-Gastronomie tätig war, in seinem ersten eigenen Restaurant angekommen. Die moderne Vinothek trägt seine Handschrift, während das Restaurant eher noch den Charme des alten Fährhauses versprüht. Der perfekte Platz für den besten Weingeschmack – natürlich von einem Hermannshöhlen-Riesling – ist aber ohnehin auf der großen Sonnenterrasse, wo man den Schiffen auf der Nahe hinterherschaut.

Adresse Hermannshöhle 1, 55585 Niederhausen, Tel. 06758/6486, www.hermannshoehle-weck.de | **ÖPNV** Bus 253 von Bad Kreuznach, Haltestelle Hermannshöhle | **Anfahrt** A 61, Abfahrt Bad Kreuznach, B 41, Abfahrt Rüdesheim, L 236 bis Norheim, dann 5 Kilometer an der Nahe entlang | **Öffnungszeiten** April–Okt. Di–So ab 12 Uhr, Nov.–März Mi–So 12–14 und ab 18 Uhr | **Tipp** Vom Fährhaus aus führt ein schöner Fußweg an der Nahe entlang zum zwei Kilometer entfernten Weingut mit Restaurant »Gut Hermannsberg«, der ehemaligen Königlich-Preußischen Weinbaudomäne.

45 _ Die Johanninger
Italienische Lebensgefühle

Bio, Bio, Bio. Die Welle schwappt seit einigen Jahren über uns Verbraucher. Den Durchblick zu behalten fällt schwer, denn die Bezeichnung »Bio« auf einem Produkt ist nicht exakt definiert. Es gibt staatliche Richtlinien und diverse Zertifikate, auch beim Wein. Hier buhlen Organisationen wie Ecovin, Bioland, Demeter und ein EU-Bio-Siegel um die Kunden. Sie bewerten nach unterschiedlichen Kriterien, was aufwendig und teuer ist. Das an der Grenze Rheinhessens zum Weinanbaugebiet Nahe liegende Weingut Johanninger hat sich für Ecovin entschieden und geht doch eigene Wege. Seit 2014 werden alle Weine über das Ecovin-Diktat hinaus zudem vegan produziert. Im Weinbau bedeutet das, auf tierische Produkte wie Albumin, Kasein, Gelatine oder Hausenblase bei der Filtration und Klärung zu verzichten. Da dies keine der Bio-Organisationen fordert, haben die Biebelsheimer Weinmacher ihr eigenes Zertifikat geschaffen: »Jo-vegan«.

Markus Haas und Dieter Schufried haben aus zwei Weingütern 1994 eins gemacht und ihm den Kunstnamen »Johanninger« gegeben – eine Verbeugung vor den ursprünglichen Gründern, die alle den Vornamen Johann trugen. Ihre Weinberge liegen in zwei Anbaugebieten, das Ende des 19. Jahrhunderts errichtete, pittoreske Weingut befindet sich in Rheinhessen, mit Blick nach Ippesheim an der Nahe. Die Holztische auf dem alten Kopfsteinpflaster im Hof des villenartigen Klinkerbaus wirken einladend. Hier betreiben Monika und Frank Nickl ihre »Speisekammer« und schenken zu ihrer kreativen Küche hauptsächlich Burgunderweine und hervorragende Rote aus. Vor allem im mit immergrünen Pflanzen geschmückten Hof kommt italienisches Lebensgefühl auf, ein selbstverständliches, nicht erzwungenes »Dolce Vita«. Markus Haas hat dies einst am Stiefel kennengelernt und will heute einfach nur »dankbar dafür sein, was der Tag ihm schenkt«. Und auch das passt perfekt und authentisch in die rollende Bio-Welle.

Adresse Hauptstraße 4–6, 55546 Biebelsheim, Tel. 06701/8321, www.johanninger.de |
ÖPNV Bus 233, Haltestelle Biebelsheim-Ortsmitte, von dort rund 100 Meter zu Fuß |
Anfahrt A 61, Abfahrt Bad Kreuznach, B 41 Richtung Bad Kreuznach, erste Abfahrt auf
B 50 nach Biebelsheim, rechts in die Hauptstraße, Parkplätze auf dem Weingut | **Öffnungs-
zeiten** Weingut: Mo – Fr 8 – 18 Uhr, Sa 9 – 16 Uhr; Nickls Speisekammer: Do, Fr und Sa ab
18 Uhr, So 12 – 15.30 und ab 18 Uhr | **Tipp** In einer der besten Weinstuben an der Nahe, im
Weingut St. Meinhard im gut acht Kilometer entfernten Winzenheim, genießt man ebenfalls in mediterranem Flair die Weine.

46 Die Nahe-Vinothek
Gebietsvinothek und Weinbar

Wenn man zum ersten Mal in ein Weinanbaugebiet fährt, um Weine und Weingüter kennenzulernen, stellt sich die Frage nach der besten Strategie. Die simpelste besteht darin, sich einfach treiben zu lassen. Dabei findet man oftmals schöne Aussichten, Weinangebote im Zentrum einer attraktiven Stadt oder Höfe, die an den großen Straßen liegen. Eine andere ist es, die Leute vor Ort zu fragen. So entdeckt man die Lieblingsplätze der Einwohner eines Weinortes. Natürlich kann man auch mit einem der Weinbewertungs-Standardwerke losziehen und die laut Meinung der Redaktion besten Winzer besuchen. Dann wird man allerdings kaum fündig, wenn es darum geht, ungezwungen Weine in netter Atmosphäre zu probieren. Meine bevorzugte Vorgehensweise: der Besuch einer gut sortierten Gebietsvinothek. Hier kann man sich einen guten Überblick über die regionale Weinwelt verschaffen. Nicht selten wird man von den Mitarbeitern auch mit touristischen Informationen und Tipps zu den Weingütern versorgt.

Eine Vorzeige-Vinothek ist die des Anbaugebietes Nahe. Die findet man mitten in der Altstadt von Bad Kreuznach, etwas versteckt in einem Hinterhof. Rund 150 Weine von 50 Weingütern werden in der »Nahe.Wein.Vinothek & Bar« im bildhübschen, 1563 gebauten und unter Denkmalschutz stehenden Renaissancebau »Dienheimer Hof« angeboten. Trotz prachtvoller Kulisse geht es hier leger zu. Man sitzt an kleinen Tischen vor den Weinregalen, an der Bar, im Gewölbekeller oder unter einem Holzbalkon im Innenhof. Koch Peter Hübner sorgt für mehr als nur Brot und ein paar Snacks zum Wein, serviert auch mal ein Vier-Gang-Menü. Das macht die Vinothek zur Weinbar, die folgerichtig bis in den späten Abend geöffnet hat und damit nicht nur Informationsquelle, sondern auch ein gemütlicher Treffpunkt ist. Und bevor ich es vergesse: Alle Weine können probiert und zum Weingutspreis mitgenommen werden.

Adresse Mannheimer Straße 6, 55545 Bad Kreuznach, Tel. 0671/92005645, www.nahe-vinothek.de | **ÖPNV** Bus 203, 241, 242 ab Bahnhof Bad Kreuznach, Haltestelle Holzmarkt, von dort keine 200 Meter zu Fuß | **Anfahrt** B 41 bis Mitfahrerparkplatz, dann B 48 bis Hochstraße, Parkplatz Jahnhalle, von dort keine 200 Meter zu Fuß, wenige Stellplätze vor der Vinothek | **Öffnungszeiten** Di–Sa 13–23 Uhr | **Tipp** Im Bad Kreuznacher Schlosspark, der an sich schon einen Besuch wert ist, werden »Im Gütchen«, einem barocken Hofgut, zu Nahe-Weinen hochwertige Speisen serviert.

47 Die Rumpf-Weinstube
Eine Winzerfamilie zum Anfassen

An dieser Stelle mal ein paar Beispiele aus dem Vokabular der Weinredakteure: »Dieser Wein ist trinkig.« »Ein saftiger Typ.« »Eine straffe Spätlese.« »Kristallklar, komplex, stoffig, dicht, apart, mit feiner Struktur.« Hm. Ein Sommelier stellte mir dazu einmal unverblümt die Frage: »Warum können wir Deutschen Wein nicht einfach nur genießen wie in Italien? Warum machen wir eine Wissenschaft daraus?« Ich halte es da mit den Weinköniginnen, die gern den Spruch zitieren: »Es gibt zwei Arten von Wein: eine, die schmeckt, und eine, die nicht schmeckt.« Im Weingut Kruger-Rumpf schmecken mir die Weine, am liebsten mag ich den Einstiegsriesling »Quarzit«. Das liegt bestimmt am Wein selbst, aber auch am Ambiente, an der Gastgeberin Cornelia Rumpf, am idyllischen Innenhof mit alten Pflastersteinen und an den entspannten Menschen um mich herum.

Als eines der wenigen von den Weinredakteuren gelobten Weingüter ist das Weingut bis auf Montag täglich für Besucher geöffnet. Man sucht die Nähe zu seinen Kunden und belässt es nicht beim Verkauf über diverse Exporteure, Gastronomen, Weinhändler und Discounter, wie es immer mehr »Große« tun. Und selbst wenn es dort mal einen Ausschank gibt, ist der doch häufig verpachtet. Ich frage mich immer, wie man seinen Wein verbessern will, wenn nicht durch ein ständiges Feedback derjenigen, die ihn trinken. In der Weinstube an der Nahe sucht die Winzerfamilie das Gespräch. Das 1830 im klassizistischen Stil erbaute Gutshaus ist hübsch in Schuss.

In der Weinstube schaffen Pastelltöne, Landhausmöbel, Fachwerkbalken und große Sprossenfenster eine helle und freundliche Atmosphäre. Durch eine Glastür geht es auf die grüne Gartenterrasse. Zum Wein gibt's regionale Gerichte »mit Pfiff«, zu den Klassikern zählen Lammfrikadellen und Schweinebäckchen. Und wenn Sie länger bleiben möchten, nehmen Sie sich einfach eine Flasche mit aufs Gästezimmer.

Adresse Weinstube Kruger-Rumpf, Rheinstraße 47, 55424 Münster-Sarmsheim, Tel. 06721/43859, www.kruger-rumpf.de | **ÖPNV** Regionalbahn bis Bahnhof Münster-Sarmsheim, von dort rund 200 Meter zu Fuß | **Anfahrt** A 61, Abfahrt Dorsheim in Richtung Münster-Sarmsheim, links zur Hauptstraße bis zum Weingut, Parkplatz gegenüber im Hof | **Öffnungszeiten** Weinstube: Di–Fr ab 17 Uhr, Sa 12–14 und ab 17 Uhr, So ab 12 Uhr durchgehend | **Tipp** Da ich hier gar nicht mehr wegwollte, gebe ich Ihnen den Tipp, sich auch die Vinothek im ehemaligen Kuhstall mit historischem Kreuzgewölbe anzuschauen.

48___Der Admiral

Cross over statt Mainstream

»Mir ist es einfach sehr wichtig, nicht nur die Sensorik der Weine an meine Gäste herantragen zu können, sondern eben die Philosophie und die Leidenschaft, die der Winzer in die Wein-Werdung gesteckt hat.« Diesen Grundsatz verriet Martina Kraemer-Stehr dem Meininger Verlag nach ihrer Wahl zur »Sommelière der Pfalz«. Es genügt also nicht, Weine einfach nur zu trinken. Es braucht ein Gesamtkunstwerk, um den wahren, den vollständigen Genuss zu erleben. Die gelernte Restaurantfachfrau möchte auch in ihrem Restaurant »Admiral« im beschaulichen Weisenheim alle Sinne berühren. In der Alten Pfarrey in Neuleiningen hat sie ihren heutigen Mann, Holger Stehr, kennengelernt. Gemeinsam arbeiteten sie in der altehrwürdigen »Krone Assmannshausen« vor den Hängen des Spätburgunder-Paradieses »Höllenberg«.

Zusammen schmiedeten sie Pläne, bildeten sich weiter und eröffneten schließlich 2014 das erste eigene Restaurant. Ein mutiger Schritt im tiefen Land zwischen Grünstadt und Bad Dürkheim. Der äußere Rahmen ist zweifelsohne beeindruckend. Das historische Jagdschlösschen mit seinem auffälligen Walmdach wurde um 1760 erbaut und steht heute unter Denkmalschutz. Der gepflegte Garten wirkt wie ein kleiner Park. Hier sitzt man im Sommer unter freiem Himmel. Im Gastraum herrscht eine harmonisch-gemütliche Atmosphäre, die so gar nicht an einen Gourmettempel denken lässt. Holger Stehr legt sich nicht fest. Wenn es etwas Tolles auf dem Markt gibt, wird ein Gericht daraus. Gehobene Küche »Cross over« nennt er das. Es gibt zwei Menüs, deren Gänge man auch einzeln bestellen kann. Die Kreativität des Kochs fordert die Sommelière. Die ist stets auf der Suche nach jungen Weintalenten, füllt ihren Keller mit vielen, auch weniger bekannten, Pfälzern von Nord bis Süd, und internationalen Entdeckungen. Und wenn man nach diesen Genüssen gar nicht mehr wegwill, übernachtet man im Gartenpavillon des »Admiral«, dem »kleinsten Hotel der Pfalz«.

Adresse Leistadter Straße 6, 67273 Weisenheim am Berg, Tel. 06353/4175, www.admiral-weisenheim.de | **ÖPNV** Bus 226, Haltestelle Siefersheim-Ortsmitte, von dort 1,8 Kilometer | **Anfahrt** A 61, Abfahrt Gau-Bickelheim, B 420 nach Wöllstein und weiter nach Siefersheim, Anfahrt über Am Gänsborn zum Gemeindeparkplatz, von dort 2 Kilometer | **Öffnungszeiten** Mi – Fr 18 – 22 Uhr, Sa, So 12 – 14 und 18 – 22 Uhr | **Tipp** Bei einem der Lieferanten des »Admiral«, dem nur ein paar Häuser entfernten Weingut Holz-Weisbrodt, macht Weintrinken im Stammhaus und in der Secco-Hütte mächtig Spaß.

49__Die Bar in der Kanne
Wein, Weinbar und ein Englischer Garten

Ja, klar, den Namen haben Sie vermutlich schon einmal gehört, vielleicht sogar schon einen Wein aus dem 85 Hektar großen Weingut irgendwo in einem Restaurant oder einer Weinbar getrunken. Bürklin-Wolf gehört zu den großen, bekannten Weingütern in Deutschland. Vielfach ausgezeichnete Spitzenweine stammen von hier. Bis ins Jahr 1597 reicht die Weinbau-Tradition der Familie zurück. Seit 2005 setzt der Betrieb vollständig auf biodynamische Herstellung. Dem Vinum-Weinguide ist das fünf Sterne wert, mehr geht nicht.

Doch vergessen Sie das. Richtig gut wird es erst bei einem Besuch, wenn sich die ganze Weinerlebniswelt offenbart. Probieren kann man die Produkte täglich in der Wachenheimer Vinothek. Und in der Deidesheimer Weinbar, die im ältesten Gasthaus der Pfalz, der »Kanne« in der Weinstraße, untergebracht ist. Zum Wein gibt's dort kleine Snacks wie Rohmilchkäse, Wildschweinsalami, Makrelen, Speck oder Oliven. Bettina Bürklin-von Guradze hat sich hier einen Traum erfüllt und bedankt sich bei den Gästen nicht nur mit den Weinen der jeweils aktuellen Kollektion, sondern auch mit einer satten Raritätensammlung alter, edler und – zugegeben – auch hochpreisiger Weine. Die kommen vorzugsweise bei einem der Themenabende in der Weinbar ins Glas.

Gefeiert wird auch, wahlweise in der Kulturscheune, im Grünen Salon, dem alten Stall, im ehemaligen Kelterhaus, im Holzfasskeller oder – mein Favorit – im Englischen Garten. Er wurde Ende der 1990er Jahre angelegt, mit lichtem Gewächshaus, wettkampftauglicher Croquet-Wiese und einer Terrasse im »Sunken Garden« mit Blick auf die umliegende Weinkulturlandschaft. Mit einem Glas Wein aus der Vinothek des Englischen Gartens in der Hand durch den Park schlendernd, fühlt man sich ein klein wenig zurückversetzt in eine beliebige Zeit der letzten vier Jahrhunderte, als die Bürklin-Wolfs auch schon Weinbau betrieben.

Adresse Vinothek und Englischer Garten: Ringstraße 4, 67157 Wachenheim an der Weinstraße, Tel. 06322/953355; Weinbar: Weinstraße 31, 67146 Deidesheim, Tel. 06326/96600, www.buerklin-wolf.de | **ÖPNV** Vinothek: mit der Regionalbahn bis Bahnhof Wachenheim, von dort 700 Meter zu Fuß; Weinbar: mit Bus oder Regionalbahn bis Bahnhof Deidesheim, von dort 500 Meter zu Fuß | **Anfahrt** Vinothek: B 271, Abfahrt Wachenheim, über Friedelsheimer Straße links in die Weinstraße und nach 700 Metern links in die Ringstraße; Weinbar: auf der Weinstraße ortsauswärts fahren, nach 4 Kilometern sind Sie da | **Öffnungszeiten** Vinothek: täglich 11–18 Uhr, Weinbar: Do–Mo 14–23 Uhr | **Tipp** Nur einen Kilometer von der Weinbar entfernt zaubert Jean-Philippe Aiguier im »Hofgut Ruppertsberg« hervorragende Menüs mit regionalen, bio-zertifizierten Produkten, von denen man einige auch im angeschlossenen Hofladen kaufen kann (www.dashofgut.com).

50__ Dietrichs Weinbar
Der schönste Sonnenuntergang der Pfalz

Waren Sie schon mal in Südafrika? Vielleicht auf einem der großen Weingüter, wo Sie die frühen Abendstunden in Lounge-Möbeln auf einer Terrasse bei einem Glas Chenin blanc verbracht haben? Dann kennen Sie dieses ganz besondere Licht. An kaum einem anderen Ort der Welt wirken die Farben so intensiv, ein wahres Fest für die Augen.

Ortswechsel. Großkarlbach in der Pfalz. Das Weingut Dietrich, das seit über 400 Jahren Wein anbaut, hat sich einer neuen, faszinierenden Weinwelt verschrieben. Der Betrieb verlegte seinen Sitz an den Rand der grünen Rebenlandschaft auf den Osterberg. Die beiden Brüder Arnd und Gerrit Dietrich finden hier Inspiration für ihre Rotweine aus kleinen Barrique- sowie großen Eichenholzfässern und für klassische Pfälzer Weißweine – mit eigener Note.

Am heutigen Standort haben sie sich einen Traum erfüllt: eine Weinbar. Die Architektur so gradlinig wie ihre Weine. Nüchterne, doch zugleich warme Gestaltung der Räume mit Theke, Tischen und Bänken und ganz viel Holz. Auf den breiten Stufen der Terrasse, die mit grauen, schlichten Pflastersteinen bestückt ist, entspannt man auf Garten- und Lounge-Möbeln unter großen Sonnenschirmen. Von hier reicht der Blick bis in die Rheinebene. Im Glas am besten einen Wein vom Großkarlbacher Osterberg, auf dem man ja bekanntlich sitzt. Zu dem Naturschauspiel, das man hier in den späten Nachmittagsstunden erlebt, eignet sich der Cuvée aus Riesling und Sauvignon blanc oder auch ein 24 Monate im Eichenfass gereifter Rotwein-Cuvée aus Cabernet, Merlot und Pinot noir. Die Sonne beginnt zu sinken und taucht die Landschaft in ein neues Licht. In der riesigen Glasfront der Weinbar spiegeln sich die warmen Töne, die von Minute zu Minute ein wenig rötlicher werden. Wer jetzt seinen Wein aufs Neue probiert, schmeckt noch mehr rote Früchte. Und dann ist er da: der schönste Sonnenuntergang der Pfalz.

Adresse Am Osterberg 1, 67229 Großkarlbach, Tel. 06238/2000, www.weinhof-dietrich.de |
ÖPNV Bus 460 ab Ludwigshafen oder Frankenthal, Haltestelle Großkarlbach-Osterberg |
Anfahrt A 6, Abfahrt Grünstadt, B 271 nach Kirchheim, dann links bis zum Weingut |
Öffnungszeiten Weinbar: Fr 16–22 Uhr, Sa 15–22 Uhr, So 14–21 Uhr; Weingut: Mo–Fr
9–12 und 13–19 Uhr, Sa 9–12 und 13–18 Uhr | **Tipp** Eine weitere Stufenterrasse betreibt
die Winzergenossenschaft im nur fünf Kilometer entfernten Herxheim am Berg. Auf dem
höchsten Punkt der Deutschen Weinstraße kann man in »Alex Weinlounge« den Ausblick
bis 22 Uhr genießen.

51 Die Emichsburg
Mandelbaumduft hinter Burgmauern

Beim Anblick der alten Burg braucht es nicht viel, um sich rauschende Ballnächte vorzustellen. 1237 wurde an dieser Stelle eine erste Befestigungsanlage errichtet, dann zerstört, 1471 wiederaufgebaut und mit dem Ort zusammen erneut niedergebrannt. Graf Emich VII. schuf letztlich die Basis der heutigen noch vorhandenen Restmauern und nannte sie ganz unbescheiden nach sich selbst: die Emichsburg. Hochs und Tiefs folgten, ein weiteres Feuer zerstörte noch einmal einen Großteil, bis schließlich die Harxheimer Familie Janson 1831 das Anwesen erwarb. 40.000 Gulden sollen die 28 Hektar Ackerland und Weinberge gekostet haben. Jansons widmeten sich sowohl der Landwirtschaft als auch dem Weinbau, erst seit 1980 baut die Familie nur noch Wein aus. Zum Schloss-Alltag passt die Liebesgeschichte der heutigen Inhaber, Kurt und Sarah, die sich 2001 auf Long Island, New York, kennenlernten.

Die sechste Generation der Familie hat durch die Konzentration auf Wein auch die Qualität kontinuierlich gesteigert. Das Gut gehört zwar noch nicht zur Elite des deutschen Weinbaus, doch bei der erstaunlichen Vielfalt findet gewiss jeder seinen Lieblingstropfen. »Fruchtig und saftig, reintönig und frisch und mit einer harmonischen Säure ausgestattet«, so beschreiben sie selbst ihre Kollektion. Dazu gibt es Winzersekte und Seccos und einen mehrjährig gelagerten Weinbrand. Festlich wird es auf dem Schlossgut bei den vielen Hochzeiten, die hier ausgerichtet werden. Trinkgenuss gibt es das ganze Jahr über in der geschmack- und liebevoll im englischen Landhausstil eingerichteten Vinothek »Das Weinlädchen«. Auf der Terrasse mit Lounge-Möbeln wärmt die Sonne, und wer möchte, flaniert mit einem Glas in Hand über das Anwesen, wo man an vielen Stellen ein Eckchen für sich allein findet. Wenn dann noch der Duft der blühenden Mandelbäume in der Luft liegt …

Janson

Adresse Schloss Janson, Schlossweg 8, 67278 Bockenheim an der Weinstraße, Tel. 06359/4148, www.schloss-janson.de | **ÖPNV** Regionalbahn bis Bockenheim-Kindenheim, von dort rund 1 Kilometer zu Fuß; Bus 437, 455, Haltestelle Weinstraße-Schule, von dort rund 350 Meter zu Fuß | **Anfahrt** A 61, Abfahrt Worms, B 47 Richtung Monsheim/Wachenheim, dann B 271 bis Bockenheim, am Ortseingang zweimal links | **Öffnungszeiten** Vinothek: Mi–Fr 12–18 Uhr, Sa 10–18 Uhr, So 12–18 Uhr; Weinverkauf auch: Mo–Fr 8–12 Uhr | **Tipp** 600 Meter weiter auf der Weinstraße gibt es Pfälzer Dreieinigkeit, Saumagen und Leberknödel, passende Weine, ab und an auch Livemusik und Lesungen, in der urgemütlichen »Bockenheimer Weinstube« (www.bockenheimerweinstube.de).

52 Die Eselsburg

Weinstube im Künstleratelier

Wie ein alter englischer Pub mutet die Weinstube »Eselsburg« auf den ersten Blick an. Die Hausmauern bestehen aus unterschiedlich großen Bruchsteinen, das mit alten Biberschwänzen gedeckte Walmdach sieht aus, als falle es gleich in sich zusammen. Ein eiserner Esel weist den Weg. Der Künstler Fritz Wiedemann restaurierte das Haus in den 1960er Jahren, nutzte es anfangs als Atelier und eröffnete später dann eine Weinstube. An der Außenfassade installierte er schrullige Skulpturen, und auch heute sind seine zahlreichen Bilder und Plastiken in der Gaststätte zu sehen. Ein wunderschöner Kamin, ein Regal mit alten Büchern, überall kleine Eselsfiguren, kuriose Lampen und Tische und Stühle aus einer anderen Zeit füllen die Gasträume. Als lebte der 1983 verstorbene Künstler noch in den alten Stuben und käme gleich mit Farben auf dem Kittel aus seinem Atelier um die Ecke.

Die neue Besitzerin, Annette Berberich, weiß das zu würdigen, veränderte rein äußerlich nur wenig und hat aus der ehemals einfachen Weinstube ein viel gelobtes Restaurant gemacht. »Wollen Sie den Wein passend zum Essen oder einen schönen Abend genießen?« Damit zeigt sie schon zum Start, wie sie Weingenuss versteht. Entspannt und ohne Fachsimpelei darf man hier die Weine genießen. Ihren Traum hat sie sich nun erfüllt, schenkt die erste Garde der Pfälzer Weine aus und serviert dazu hiesige Spezialitäten vom Schwein nach hauseigenen Rezepten mit Salaten, Gemüse und Obst von Pfälzer Bauern. Dazu trinkt man den Lieblingswein der Eselswirtin, einen Riesling der Lage »Forster Pechstein«. Den gibt es übrigens immer in der gemütlichen Weinstube oder in den angrenzenden Räumen »Atelier« und »Wohnstube«, und wenn es warm wird und die Sonne scheint, sitzt man im schmalen, grünen und duftenden Innenhof hinter dem Haus. Bezahlt werden kann mit einer hauseigenen Währung, dem Eselstaler, den man im roten Säckchen mit Eselslogo erhält. Wer braucht da noch Bitcoins.

Adresse Kurpfalzstraße 62, 67435 Neustadt-Mußbach, Tel. 06321/66984, www.eselsburg.de | **ÖPNV** Der Bahnhof Mußbach ist keine 200 Meter entfernt. | **Anfahrt** A 65, Abfahrt Neustadt/Weinstraße-Nord, von dort zum Mußbacher Bahnhof und parken | **Öffnungszeiten** Di – Sa ab 17 Uhr | **Tipp** An der Eselshaut 15 in Mußbach liegt der Geheimtipp der Eselswirtin, das Weingut Völcker, eine echte Entdeckung abseits der Weinführer. Seit 1694 wird hier Wein gemacht, aktuell die Qualitätsstufen Stern, Drache, Krone und Winfrieds Privat.

53 Die Jülg'sche Weinstube

Wie Gott in Frankreich, äh, in der Südpfalz

Augen schließen und von einem französischen Landhaus, dicht begrünt, träumen. Im Garten helle Schirme und hölzerne Gartenmöbel auf altem Kopfsteinpflaster. Im Inneren geschmackvoll, schlicht und dennoch heimelig wie zu Hause. Spuren von drei Generationen, den Großeltern, deren Kindern und auch den Enkel. Hier fühlt man sich auf den ersten Blick und gleich beim Eintreten wohl. Die Weinstube des Weingutes Jülg ist für mich eines der besten Beispiele, wie man den harten Arbeitsalltag in einem Weingut mit der von vielen Kunden gewünschten Rolle der Gastgeber verknüpfen kann. Sicherlich hilft es auch, dass die Weine herausragend, die Speisen legendär und die Kundschaft treu ist. Und sicherlich ist es gut und schön, dass hier drei Generationen noch gemeinsam Hand in Hand arbeiten, in deren familiären Kreis man auch als Gast nahtlos aufgenommen wird.

Wir sind in der Südpfalz, direkt an der französischen Grenze. Die Familie Jülg versteht es, beide Lebensarten zu vereinen. Gutes Essen und guter Wein gehören hier zusammen, bodenständig und handgemacht. So hat es schon der Großvater Oskar Jülg einst gehalten. Da ihm die damals meist süßen Weine der Pfalz missfielen, schaute er nach Frankreich, brachte sich selbst das Weinmachen bei und kelterte trockene Weine. Der Quereinsteiger wurde mit Argusaugen beobachtet, doch der Erfolg gab ihm recht. 1961 gründete er sein eigenes Weingut und pflanzte Rebstöcke aus dem Burgund. Eine Basis, von der das Weingut heute noch profitiert. Oskars Sohn Werner und Enkel Johannes sind inzwischen für den Weinbau zuständig. Oskars Frau Erika hilft in der Küche der Weinstube mit, Schwiegertochter Karin kümmert sich um die Gäste. Die Zutaten stammen aus der Nachbarschaft, Wurst und Käse sind sogar hausgemacht. Eine Empfehlung braucht man nicht, alles schmeckt, aber wenn Sie schon mal da sind, schließen Sie die Augen und probieren Sie die Leberknödel.

Adresse Hauptstraße 1, 76889 Schweigen-Rechtenbach, Tel. 06342/919090,
www.weingut-juelg.de | **ÖPNV** Bus 543, Haltestelle Schweigen-Kirche, von dort keine
100 Meter zu Fuß | **Anfahrt** B 38 von Landau in der Pfalz bis Schweigen-Rechtenbach, Park-
plätze rund um die Weinstube | **Öffnungszeiten** Weinstube: Sa–Mi ab 11.30 Uhr; Weingut:
Sa–Mi 10–12 und 13–18 Uhr | **Tipp** Gutes Essen und gute Weine werden auch im Guts-
ausschank des Weingutes Leiling in einer ländlichen Villa mit schickem Wirtshausinterieur
serviert – schräg gegenüber vom Weingut Jülg.

54 Die Lebenshilfe
So schmeckt sozialer Wein

Nachhaltiger Weinbau ist im Trend. Diverse Bio-Zertifikate kämpfen um die Gunst der Winzer: Naturland, Bioland, Ecovin oder Demeter stellen die Bedingungen, die es zu erfüllen gilt. Die Lebenshilfe in Bad Dürkheim hat sich für Bioland entschieden, warum auch nicht. Doch bei genauem Hinsehen praktiziert dieses einmalige und ganz besondere Weingut noch viel mehr Nachhaltigkeit. Neben ökologisch und qualitätsbewusst findet sich ein dickes sozial in der Philosophie des Hauses. Jan Hock leitet die 35 zu betreuenden Mitarbeiter der Lebenshilfe und weitere Fachkräfte. Seine Kollegen sind Menschen mit einer Behinderung, »hinter der immer auch eine unversehrte Person auf ihren Dialog mit der Welt wartet«.

Die Lebenshilfe war im Besitz einer heruntergekommenen Weinbergfläche und begann vor längerer Zeit damit, dort Naturschutz zu betreiben und die Landschaft zu rekultivieren. Daraus sind bis heute 22 Hektar Weinberge geworden, drei davon in den historischen Steillagen, in denen wieder Weine von höchster Qualität entstehen. »Wir wollen beobachten, begleiten und mit natürlichen Mitteln das Gleichgewicht regulieren«, erklärt Hock die Arbeitsweise seiner Mannschaft. Heraus kommen erstaunliche Weine der Rebsorten Riesling, Weiß- und Grauburgunder, Sankt Laurent, Spätburgunder, Cabernet Sauvignon und Müller-Thurgau. Während der Öffnungszeiten kann man diese probieren und kaufen. Ansonsten betreibt die Lebenshilfe gleich nebenan einen Ökomarkt, in dem natürlich alle Weine wie auch eine erstaunliche Anzahl weiterer Produkte angeboten werden.

Ökologisch und sozial passt hier perfekt zusammen, und die Weinmacher setzen auch sonst auf Teamarbeit. Sie sind Mitglied des innovativen Deidesheimer Winzerverbundes »Winechanges« und der »Generation Riesling«, die als Botschafter international für den modernen, hochwertigen und dynamischen Weinbau in Deutschland steht.

Adresse Sägmühle 15, 67098 Bad Dürkheim, Tel. 06322/938-135 oder -155, www.lebenshilfe-weinbau.de | **ÖPNV** Straßenbahn 4, 4a, Haltestelle Bad Dürkheim Ost, von dort 1,4 Kilometer zu Fuß, Bus 453, Haltestelle Krankenhaus | **Anfahrt** über Weinstraße Nord (B 37), Abfahrt Kanalstraße in Richtung Sportanlagen, dann rechts in den Wellsring und wieder rechts in die Sägmühle | **Öffnungszeiten** Weingut: Mo – Do 8 – 12 und 13 – 16 Uhr, Fr 8 – 12 und 13 – 18 Uhr, Sa 10 – 14 Uhr; Ökomarkt: Mo – Fr 9 – 18 Uhr, Sa 8 – 14 Uhr | **Tipp** Gut zwei Kilometer entfernt liegt am Rand der Innenstadt die Weinstube »Bach-Mayer« im alten fürstlichen Jagdhaus in der Gerberstraße 13. Hier gibt es zwar keine Lebenshilfe-Weine, aber viele andere Pfälzer, ein paar Franken und eine große Auswahl österreichischer Weine zu leckeren Pfälzer Gerichten.

55 Der Sankt Annaberg
Idylle zwischen Wald und Weinbergen

Kleine, schmucke Hotels nennt man Boutique-Hotels. Sie sind besonders schön anzuschauen und beherbergen nur eine kleine Anzahl Gäste. Sterne und Auszeichnungen spielen nur eine untergeordnete Rolle, vielmehr zählen die Atmosphäre, der geschulte Service und zumeist viel Geschmack bei der Gestaltung der Räume und Außenanlagen. Ich gehöre zu den Menschen, die diese Art von Hotels und Pensionen bevorzugen, denn hier hat man seine Ruhe und stationiert oft abseits der touristischen Pfade.

Da liegt es nahe, den Begriff Boutique auch für Dinge zu verwenden, die besonders schön sind. So gibt es zum Beispiel Boutique-Weine und auch Boutique-Weingüter. Victoria Lergenmüller aus der bekannten pfälzischen Weingutsfamilie leitet ein solches. Es liegt malerisch zwischen dichten Wäldern und Weinbergen, abseits jeden Trubels. Auf dem Weg dorthin möchte man immer wieder anhalten, die frische Luft einatmen, den Ausblick genießen und sich Zeit lassen. Eine alte chinesische Weisheit kommt mir in den Sinn: »Wenn du es eilig hast, gehe langsam.« Im Garten fühlt man sich wie in einem englischen Park. Die Vinothek unter einer Gewölbedecke ist geschmackvoll eingerichtet – keine Frage, dass ein Wein hier besser schmeckt als irgendwo sonst. Im Restaurant sitzt man wie in der Toskana, Zypressen, Feigen und Zitronen drumherum. Statt Dampfnudel und Kaiserschmarrn gibt es allerdings Winzerteller mit Saumagen, Maultaschen oder Wildschweinterrine aus eigener Jagd. Und Zimmer gibt es auch, um den Wein- und Speisengenuss zu vervollkommnen. Individuell gestaltet, mit alten Möbeln und neuen Bädern ausgestattet. Ins Glas schenkt die studierte Winzerin ihre kreativen Erzeugnisse namens Hölle, Kalmit, Schäwer, 355N, Terrassenlage oder Johanniskreuz. Dabei erzählt sie gern von ihrem Traum, der mit dem Boutique-Weingut Sankt Annaberg in Erfüllung gegangen ist. Ein Traum, den man schon beim ersten Besuch gut nachvollziehen kann.

Adresse Sankt-Anna-Straße 203, 76835 Burrweiler, Tel. 06345/3258, www.sankt-annagut.com | **ÖPNV** Bus 501, Haltestelle Burrweiler Mitte, von dort rund 1,2 Kilometer zu Fuß | **Anfahrt** A 65, Abfahrt Edenkoben, über Edesheim bis Burrweiler, dort auf die Weinstraße und nach rund 1 Kilometer in die St.-Anna-Straße | **Öffnungszeiten** Restaurant: Mi–So 15–21 Uhr | **Tipp** In der Weinstraße 6 steht das Weinhaus des VDP-Weingutes Meßmer. Hier wird mittwochs bis samstags probiert und freitags und samstags bis 22 Uhr an der Weinbar auch mal ein besonderes Fläschchen geköpft.

56__Die Schirmbar

Etwas Sylt, etwas Alpen an der französischen Grenze

Ski- und Snowboardfahrer kennen das. Einen Tag lang auf Pisten in einem Wintersportort unterwegs und zum Abschluss in eine »Schirmbar«. Wie der Name schon sagt, steht hier ein Schirm, ein riesiger, über allem. Je nach Wetter mit Glaswänden oder offen, aber immer geschützt vor Schneefall oder der prallen Sonne. Hinter der meist kreisrunden Bar in der Mitte wuseln flinke Helfer, zapfen Bier, mixen Longdrinks, schenken Williams Birne oder Obstler aus. Aus den Schirmbars in den Alpen dröhnt die typische Après-Ski-Musik und – wenn's gefällt – wird dazu getanzt, geflirtet oder nur mitgewippt. Was immer man davon halten mag, die Stimmung in einer Schirmbar ist in der Regel gut bis überschäumend.

Die Idee greift Bernd Pfeffer in seiner »Pfeffer's Taverne« auf. Einen Steinwurf vom Deutschen Weintor in Schweigen-Rechtenbach entfernt hat er seinen Schirm aufgebaut. Statt Obstler und Gin Tonic gibt es pfälzische Weine und Sekte, Flammkuchen und andere Schmankerl. Die Spezialität ist eine scharf gewürzte Wurst namens Merguez. Die stammt aus dem Maghreb, zu dem die Länder Tunesien, Marokko, Algerien und die Westsahara gehören.

Vor allem mittwochs ab 18 Uhr liegen die Würste auf dem Grill. Das Konzept ist so einfach wie neu und kommt an. So gut, dass bereits neben der Schirmbar Tische und Bänke weiteren Gästen Platz bieten, wenn es drinnen mal wieder voll ist. Dann wird glücklicherweise keine Ballermann-Musik aufgelegt, aber stimmungsvoll ist es dennoch. Beeindruckt war Pfeffer von der Sylter »Sansibar«, die schon lange mit wenig viel macht. Dort am Strand und hier am Weintor pilgern die Gäste von weit her, um die spezielle Atmosphäre zu genießen. Einheimische und Stammurlauber treffen beim immer gut gelaunten Pfälzer Original Bernd Pfeifer, stets in Lederhose auftretend, fröhlich aufeinander. Das geht auch, wenn es geschneit hat. Dann fehlen nur noch die Skier und Snowboards.

Adresse Silvanerstraße 1, 76889 Schweigen-Rechtenbach, Tel. 0151/54731468, www.pfeffers-taverne.de | **ÖPNV** Bus 543, Haltestelle Schweigen Kirche, von dort rund 500 Meter zu Fuß | **Anfahrt** B 38 von Landau in der Pfalz bis Schweigen-Rechtenbach, Parkplätze direkt vor Pfeffers Taverne | **Öffnungszeiten** Mo–Fr 14–22 Uhr, Sa und So 11–22 Uhr (im Winter nur Mi–So geöffnet) | **Tipp** Wem es am Weintor zu touristisch ist, sitzt etwas ab vom Schuss im »Wirtshaus Elwetrisch« in der Hauptstraße herrlich in einem zugewachsenen Garten oder in der guten Stube bei Pfälzer Spezialitäten und Schweigener Weinen.

57__Das Par-Terre

Vinothek vom Modedesigner

Die Zuschauer von Heidi Klums »Germany's Next Topmodel«
(GNTM) kennen ihn. Sein Name ist eine Marke, und unter die-
ser kreiert der frühere Adidas-Designer vor allem Mode, aber auch
Geschirr, Möbel, Parfüm, Tapeten, Teppiche und – eine Vinothek.
Er ist überzeugt, dass für den perfekten Genuss alles passen muss.
»Guter Wein ist wie Kunst. Nur das perfekte Zusammenspiel aller
Geschmackskomponenten ergibt einen exzellenten Wein. Deshalb
präsentieren wir die Weine wie Kunst in einer Galerie«, sagt Michael
Michalsky, einer der bekanntesten Designer Deutschlands.

Im Rahmen der Landesgartenschau Rheinland-Pfalz verwirk-
lichte er mit den Winzern der Südlichen Weinstraße das »Par-Terre«.
Der Name ist eine Verbeugung vor den Böden der Reben der pfälzischen Umgebung, der Ort historisch und nun auch legendär. Das
denkmalgeschützte Ziegelsteinhaus aus der Kaiserzeit, zuletzt als
Artilleriekaserne der Franzosen genutzt, wurde kernsaniert und
modernisiert. Hinter großen Panoramascheiben entstand eine
Weinausstellung, in der die Flaschen wie Kunstwerke in großen,
beleuchteten Vitrinen präsentiert werden. Schwarz-Weiß-Foto-
grafien an den übrigen Wänden zeigen die Arbeit der Winzer in
den Weinbergen, und selbst eine einfache Steinwand wird zum
Kunstobjekt, wurde sie doch mit Steinen aus den Lieblingslagen
der ausstellenden Winzer gebaut. Die sind neben ihren Flaschen
mit Original-Holzfassdeckeln, die ihr Logo tragen, im Boden verewigt. Und mittendrin steht der heilige Urban, der Schutzpatron
der Winzer.

Vor der Vinothek sitzt man auf modernen Gartenmöbeln und
genießt den an der Theke erhaltenen Wein. Drinnen kann man bei
einer Weinprobe einige der Weine aus 55 Pfälzer Weingütern verkosten. Die Elite der Weinwelt wie Becker, Kranz, Pfeffingen oder
Wehrheim ist hier vertreten. Und alle 14 Tage donnerstags gibt's
Livemusik bei einer After-Work-Party.

Adresse Georg-Friedrich-Denzel-Straße 11, 76829 Landau, Tel. 06341/9690890, www.par-terre.de | **ÖPNV** Bus 537 ab Hauptbahnhof, Haltestelle Südpark, von dort rund 200 Meter zu Fuß | **Anfahrt** A 65, Abfahrt Landau-Süd, dann B 38 bis Weißenburger Straße, rechts in die Eutzinger Straße, zweimal links über Otto-Kießling-Straße, Parkpätze an der Vinothek | **Öffnungszeiten** Mi–Do 14–20 Uhr, Fr und Sa 14–22 Uhr | **Tipp** Gleich nebenan im »Weinkontor Null41« locken ein Restaurant und eine imposante, lange Weinbar.

58_Der Edelmann

Alles wunderbar normal

Die »Rheingauer Schlemmerwochen« sind ein Paradies für Weinfreunde. Im Frühjahr öffnen an zwei Wochenenden die Gutshöfe ihre Pforten, schenken die eigenen Weine aus und zaubern aus der Küche, was ihnen am besten schmeckt. Vom Käse-, Schinken- und Tomatenbrot über Salatteller und Schnitzel bis zum Rumpsteak und einer Wildbratwurst findet sich etwas für jeden Geschmack. An diesen Tagen kommt man in die Weingüter all derer, die den Rest des Jahres keinen Gutsausschank und keine Straußwirtschaft (von denen es im Rheingau gefühlt unendlich viele gibt) betreiben.

Manuela Mack und ihre Familie machen da bislang nicht mit. Sie betreiben den Gutsausschank »Zum Edelmann«, und es wäre vermessen, diesen als den schönsten der Region oder ihre Weine als die herausragendsten zu bezeichnen. Allerdings ist im Weingut Mack während der Schlemmerwochen auch nicht geschlossen, warum auch, schließlich laden sie das ganze Jahr über in ihren ganz normalen Ausschank. Das Besondere daran ist genau dieses Normale, und das macht den »Edelmann« zum perfekten Ort für Weingenießer.

Hier bekommt man sehr ordentliche Weine zu einem Schoppen- oder Flaschenpreis wie früher. Hier kocht die Chefin selbst und serviert Tomatenschnitzel, Kartoffelsalat, Wildsülze, Strammen »Macks« und einen der besten Spundekäs überhaupt. Hier geht man einfach hin, trifft Freunde und Bekannte und ist schneller beim Du, als man sich setzen kann. »Der Rheingau ist ein Dorf«, sagen die Einheimischen, und so überrascht es nicht, dass die Tischnachbarn nach ein paar Minuten bereits gemeinsame Wurzeln entdecken. Die Gutsstube ist mit einem Kamin, rustikalen Holzmöbeln und einer Getränkebar ausgestattet. Auf der Wiese sitzt man an den Weinbergen mit einem schönen Blick zum Taunuskamm und den Schlössern Johannisberg und Vollrads. Die Katzen klettern auf den Baum, Kinder tollen herum, und die Welt ist in Ordnung.

Adresse Gänsbaumstraße 10, 65375 Oestrich-Winkel, Tel. 06723/1334, www.weingut-mack.de |
ÖPNV Rheingau-Linie, Haltestelle Bahnhof Oestrich-Winkel, von dort rund 800 Meter
zu Fuß; Bus 171, Haltestelle Basilika, von dort rund 600 Meter zu Fuß | **Anfahrt** B 42,
Abfahrt Mittelheim / Fähre Ingelheim, ab Hermannstraße rechts den Schildern folgen |
Öffnungszeiten Do – Sa ab 17 Uhr, So ab 15.30 Uhr | **Tipp** Genauso normal und unter
Freunden sitzt man einen guten Kilometer in der Gutsschänke »Eiserhof« in Winkel bei
frischen Wildgerichten vom Jäger, das ist der Hausherr, und klassischer Gutsküche.

59__Die Fässer

Picknickkorb und Decke nicht vergessen

Wer in den Rheingau kommt, stolpert früher oder später über einen der über 20 Weinprobierstände. Fast jede Gemeinde, jeder Stadtteil hat seinen eigenen. Die Idee, gemeinsam mit allen Ortswinzern einen Ausschank aufzubauen, hat nirgendwo so eine große Verbreitung wie hier gefunden. Im Wochenwechsel öffnen die Winzer die Luken. Die Lage ist fast immer herrlich: in Eltville unter schattenspendenden Platanen mit Blick auf die kurfürstliche Burg, in Walluf direkt am Yachthafen des Segelclubs, in Geisenheim oder Martinsthal neben einem großen Spielplatz oder in Johannisberg mitten in den Weinbergen.

In Hattenheim liegt der vielleicht schönste Stand direkt am unverbauten Rheinufer. Drei Fässer wurden angerollt und aufgestellt. Im mittleren stehen die Weinmacher und bieten neben ihren aktuellen Tropfen auch mal Wurst, Käsewürfel, Brezel oder andere Kleinigkeiten für den kleinen Hunger an. In den beiden Fässern rechts und links steht jeweils ein Tisch mit Bänken, so kann man bei Regen im Trockenen sitzen. Rund um die Fässer lässt man sich auf Baumstämmen und Bänken nieder oder steht an kleineren Fässern im Kies. Davor rauscht der Rhein vorbei, zwischen Fluss und Weinausschank eine riesige Wiese, die im Sommer mit Decken und Picknickkörben übersät ist.

Die Hattenheimer Weingüter sind jeweils zweimal im Jahr an der Reihe, und manchmal – wenn die Sonne scheint – wird die Saison einfach verlängert. Bei der dann aufziehenden Herbstfrische wird kurzerhand auch Glühwein angeboten. In der Liste der ausschenkenden Winzer findet man eine ganze Reihe namhafter Weingüter. Mit den Spitzenweinen von der Georg-Müller-Stiftung, von Balthasar Ress, Schloss Schönborn, Stefan Molitor, Urban Kaufmann, Hans Bausch oder aus dem Weingut Barth kann man an bester Lage eine Weinverkostung auf höchstem Niveau genießen. Und wem die Schlange vorm Weinfass zu lang ist, der spaziert oder radelt einfach nach Erbach oder Oestrich zum nächsten Weinprobierstand.

Adresse Rheinufer, 65347 Hattenheim, Fass-Telefon 06723/885755 | **ÖPNV** Bus 171, Haltestelle B 42, oder mit der Rheingaulinie zum Bahnhof Hattenheim, von dort rund 300 Meter zu Fuß zum Rheinufer | **Anfahrt** B 42, Ausfahrt zum Sportplatz, Campingplatz, Parkplätze hinter dem Weinprobierstand | **Öffnungszeiten** April – Okt. Mo – Fr ab 17 Uhr, Sa ab 15 Uhr, So ab 11 Uhr | **Tipp** Zu kalt, zu nass für Outdoor-Weingenuss? Dann unter der Bundesstraße hindurch zum »Weinpunkt« in die Hauptstraße 25. Dort gibt es ausgewählte Weine aus dem Rheingau, Leckeres aus der Küche und am Wochenende Kaffee und Kuchen.

60___Das Fine Sparklings

Hauptsache, es sprudelt

Wenn es für dieses Buch eine Steilvorlage hätte geben müssen, dann ist es dieser Ort. Sabine Ratzer war Mediaexpertin und wohnte lange in Aulhausen im Rheingau. Dort freundete sie sich mit den Winzern Fred Strieth und Teresa Breuer an. Mit der Weinbranche hatte sie im Grunde nichts am Hut. Als das erste Kind geboren wurde, beendete sie ihre Karriere und kaufte mit ihrem Mann ein kleines Anwesen in Kiedrich. Dazu gehörte eine Gewerbefläche, für die die beiden vorerst keine Verwendung hatten. Aber die Lust auf »irgendetwas Gastronomisches« keimte schon, seitdem die beiden mit einem kleinen, alten Lieferwagen, einem Citroën HY, zu Festen fuhren und Kaffee, Sekt und Cocktails verkauften. Aus dem kleinen Nebenerwerb erwuchs die Idee zu einer neuen Nutzung der Gewerbefläche, in der früher mal eine Werbeagentur beheimatet war. Ihrer Vorliebe für alles was prickelt entsprechend, gründete Sabine Ratzer das »Fine Sparkling«. Hier gibt es nun Champagner und ab und an Austern, aber auch Winzersekte, Gin Tonic, Limonade und Bier. Hauptsache, es sprudelt.

Da man in einem Weinanbaugebiet nicht ohne Wein auskommt, werden auch einige Weine angeboten. Mangels einer großen Küche und »weil ich kein Koch bin«, werden Käse- und Schinkenplatten sowie wechselnde andere Kleinigkeiten aufgetischt. Jahrgangs-Sardinen zum Beispiel, aus bestimmten Fanggebieten und handselektiert »eingedost« – klingt irgendwie nach Wein. Anfangs stellten ihr die befreundeten Weingüter schon mal ein paar Sekt- und Weinkisten zur Verfügung. Keiner wusste damals, ob das funktioniert. Heute ist die sympathische Gastgeberin selbst erstaunt, wie gut ihr kleiner Treffpunkt angenommen wird. Champagner, empfohlen vom Pariser Sommelier-Freund Narcis Georgiu, und die besonderen, mit Champagner mithaltenden Rheingauer Winzersekte stehen im Mittelpunkt des Hauses, in dem man das Gefühl hat, bei Freunden eingeladen zu sein.

Adresse Aulgasse 10, 65399 Kiedrich, Tel. 0172/6138566, www.fine-sparkling.de | ÖPNV
Bus 172 ab Bahnhof Eltville am Rhein, Haltestelle Kiedrich Sonnenlandstraße, von dort
rund 100 Meter zu Fuß | **Anfahrt** B 42, Abfahrt Kiedrich, Richtung Kloster Eberbach, links
in die Aulgasse | **Öffnungszeiten** Do und Fr ab 17 Uhr | **Tipp** Der Erfinder von »Kunst &
Keller« im Rheingau, Hubert Allert, betreibt in der Kiedricher Oberstraße eine Wine-
Lounge mit Tasting Room, verkauft die Weine zum Weingutspreis und stellt auch Kunst aus.

61 Der Goetheblick

Um die Ecke gibt's auch Wein

Kennen Sie das Brentanohaus in Oestrich-Winkel? Goethe war einst hier, das Weingut Allendorf empfängt Sie dort heute. Vom Gut aus führt eine Landstraße nach Johannisberg. Parken Sie Ihr Auto am Winkeler Ortsrand und spazieren Sie nach links durch die Weinberge. Über Wiesenwege, an historischen Weinberg-mauern vorbei, führt die Strecke bergauf. Im Blick haben Sie von Beginn an das Schloss Johannisberg, in dem die Edelfäule und damit die Spätlese, nach einem verspäteten Lesebefehl, entdeckt wurden. Immer in Sicht ist das breite Rheintal. Vor dem Schloss angekommen, erreicht die Aussicht am 50. Breitengrad ihren op-tischen Zenit.

Mitten in den Weinbergen lechzt die Zunge nach einem Glas Wein. Das bekommt man in der von einer bekannten Feinkostmar-ke betriebenen Schlossschänke. In der großen, von Touristen aus der ganzen Welt gern besuchten Gaststätte stehen Forelle, Kalbsrü-cken, Frankfurter Platte, Erdbeer-Mascarpone-Creme und vieles mehr auf der Karte. Nebenan im Weinshop werden die Weine von Schloss Johannisberg und G.H. von Mumm angeboten. Gruppen können bei einer Führung mit Weinprobe den riesigen, beeindru-ckenden Schlosskeller besichtigen und etwas über die Geschichte des Schlosses erfahren. Für den Weingenuss in der Natur, abseits der touristischen Laufwege, müssen Sie aber gar nicht auf das durchaus sehenswerte Schlossgelände. Bereits vor der Basilika am Goethe-blick steht ein Weinprobierstand. Auch hier wird der Schlosswein des ersten Riesling-Weingutes der Welt ausgeschenkt. Auf Bänken sitzend, schaut man bis ins Rhein-Main-Gebiet, auf den Rheingau, Wiesbaden, Mainz und bei schönem Wetter bis Frankfurt. An ein-fachen Tischen kann man bei schönem Wetter die weltweit belieb-ten Schloss-Johannisberg-Weine genießen und bei schönem Wetter sich gen Süden träumen Das hätte auch Geheimrat Johann Wolf-gang von Goethe gewiss gut gefallen.

Adresse Schloss Johannisberg, 65366 Johannisberg, vor dem Schloss stehend links um die Basilika geht es zum Goetheblick | **ÖPNV** Bus 181, Haltestelle Schlossallee, von dort rund 400 Meter zu Fuß | **Anfahrt** B 42, Abfahrt Winkel, Beschilderung Schloss Johannisberg folgen, Parkplätze am Schloss | **Öffnungszeiten** Weinshop: Mo–Fr 10–18 Uhr, Sa und So 11–18 Uhr, Weinprobierstand: Fr ab 16 Uhr, Sa und So ab 11 Uhr | **Tipp** Guter Wein gehört in eine schöne Holzkiste. Das haben auch die Gründer der Johannisberger »Weinkiste« erkannt und verkaufen kistenweise Wein von unbekannteren Rheingauer, rheinhessischen und Südtiroler Weingütern.

62___ Das Heinrichs

»Urban Winebar« in der Kleinstadt

Eine Weinbar, eine Vinothek, ein Weinprobierstand oder doch eine Straußwirtschaft? Auf der Suche nach einem Konzept für einen Weinladen entwickelten Alexander-Heinz Nerius und Stefanie Dengler ihr »Heinrichs« – eine Mischung aus allem. Im wöchentlichen Wechsel gibt's eine Weinauswahl von einem Rheingauer Weingut und leckere Hausweine an allen Tagen. Wem das nicht genügt, der greift ins Regal der Vinothek und wählt einen Wein der über 40 Weingüter, die hier auch flaschenweise zum Mitnehmen angeboten werden. Zu den Rheingauer Weinmachern zählen nicht nur die üblichen Verdächtigen, sondern auch unbekanntere Produzenten. Und wer mal keine Lust auf Wein hat, der trinkt Craft-Bier, Gin Tonic, Sekt oder den »Vicci Caffe« einer kleinen Rösterei.

Und als wären das der Innovationen nicht genug, mixen die Betreiber des »Heinrichs« das typische Straußwirtschaftsangebot – Spundekäs und Flammkuchen – mit »junger Küche« – »urban« Sandwiches, Panini, Schinken von der Berkel-Maschine, Käse vom örtlichen Käseladen oder marinierte Oliven.

Das Konzept ist so rund wie stimmig, und die Idee, viele Winzer zu vereinen, bringt selbige als Kunden zurück und die Einheimischen in Scharen in den Wohnkomplex »Residenz Rheingauer Tor«. Dort leben Menschen, die sich das leisten können. Dort verkaufen eine regionale Bäckereikette, ein bäuerlicher Hofladen und gleich hintendran ein großer Lebensmittelmarkt ihre Produkte. Auf dem gegenüber einer Tankstelle liegenden Gelände der ehemaligen Rheingauhalle versprüht das »Heinrichs« – als einer der Residenzläden – zeitgemäßen Weinbar-Charme. Ein paar Sitze vor und ein langer Tisch hinter der ebenso langen Frontscheibe, kleine Kommunikationsinseln im rechteckigen Raum und viele Weinregale passend zur geschmackvoll zusammengewürfelten Einrichtung. Man setzt sich dazu, kommt ins Gespräch und geht immer wieder gern in die »Strauß-Weinbar-Vinothek«.

Adresse Matheus-Müller-Platz 6, 65343 Eltville am Rhein, Tel. 06123/9829936, www.heinrichs-eltville.com | **ÖPNV** Bus 171, Haltestelle Matheus-Müller-Platz, oder mit dem Zug bis Bahnhof Eltville, von dort rund 350 Meter zu Fuß | **Anfahrt** B 42 bis Abfahrt Eltville / Erbach, nach Eltville über Erbacher Straße bis Matheus-Müller-Platz, wenige Parkplätze vor der Weinbar und am Straßenrand, großes Parkhaus in der Nähe | **Öffnungszeiten** Mo und Di 17–22 Uhr, Mi–Sa 10–22 Uhr, So 12–21 Uhr | **Tipp** Über die Matheus-Müller-Straße geht es vom »Heinrichs« 100 Meter hinab zum neu gestalteten und autofreien Rheinufer. Dort sitzt man herrlich im »Anleger 511« oder am Weinprobierstand mit freier Sicht auf den Fluss unter Platanen.

63__Der Krug
Das Gespür für Wein

Was muss man im Weinanbaugebiet Rheingau gesehen haben? Kloster Eberbach, die Wiege des Weins. Schloss Johannisberg, wo die Spätlese entdeckt wurde. Die Rüdesheimer Seilbahn zum Niederwalddenkmal und die Rheinschleife mit dem Binger Mäuseturm. Die schönsten Fachwerkhäuser stehen im historischen Ortskern von Hattenheim: Dort bilden ein Antiquitätenladen, eine Bank, das alte Rathaus und ein Weinhaus ein prächtiges Ensemble.

Letzteres wurde 1720 errichtet, 1948 zum Weinhaus und ist heute Weingut, Restaurant und Hotel mit einem klaren Bekenntnis zum Rheingau. Hier wird konsequent regional gedacht, gekocht und eine Weinkarte zusammengestellt, die keine Wünsche offenlässt. Josef Laufer wird von der Presse ein »Gespür für Wein« nachgesagt, was er in seiner Rolle als Gastgeber, Küchenchef und Weinliebhaber eindeutig beweist. Hier werden Weine mit Speisen und Speisen mit Weinen verschmolzen. Dabei ist das Haus keineswegs ein hochpreisiger Gourmettempel. Dennoch haben die Leser des Fachmagazins »falstaff« den Krug 2017 zum besten hessischen Gasthaus gewählt.

Das liegt an dem freundlichen, unaufdringlichen Service, am legendären Sauerbraten, an der im Wochentakt wechselnden Speisenkarte und nicht zuletzt an der Weinkarte. Neben den Hausweinen aus dem eigenen Weingut findet man auf ihr alles, was im Rheingau Rang und Namen hat, auch weniger bekannte Weine und Raritäten, die direkt unter dem Hotel im tief verborgenen, kleinen Keller reifen.

Beim samstäglichen Weinfrühschoppen sind die Winzer selbst zu Gast und erzählen aus dem Nähkästchen. Da sagt zum Beispiel einer der Weinmacher, dass er den Wunsch der Gäste nicht erfüllen konnte. »Tut mir leid, der ist ausgetrunken«, worauf Josef Laufer um die Ecke kommt und genau diese Flasche aus seiner Schatzkammer offeriert. Kein Wunder bei jemandem, der vom Gault Millau die »Weinkarte des Jahres« attestiert bekam.

Adresse Hauptstraße 34, 65347 Hattenheim, Tel. 06723/99680, www.zum-krug-rheingau.de | **ÖPNV** Rheingaulinie zum Bahnhof Hattenheim, von dort rund 150 Meter zu Fuß die Hauptstraße bergab | **Anfahrt** B 42 bis zur Hattenheimer Tankstelle, dahinter links in die Rheinallee und am besten an der Straße parken | **Öffnungszeiten** Küche 12–14 und 18–22 Uhr, Sonntagabend bis Dienstagmittag geschlossen | **Tipp** Oberhalb von Hattenheim thront Kloster Eberbach. Dazwischen liegen die Hessischen Staatsweingüter mit modernster Produktionsstätte und dem Steinberg, dem Weinberg der Mönche. Mittendrin steht das »Schwarze Häuschen«, ein Schön-Wetter-Ausschank mit Weitsicht.

64 Die RheinWeinWelt
Die Geister des Weins

»Wenn einem so viel Gutes widerfährt, das ist schon einen Asbach Uralt wert.« Wer hat den Werbespruch der 1892 von Hugo Asbach gegründeten Weinbrennerei noch nicht gehört? Direkt neben dem Rüdesheimer Bahnhof wurde aus Weinen gebrannt, abgefüllt und die Welt per Schiff, Lastwagen und Eisenbahn mit dem »Geist des Weins« beliefert.

2007 endete die Erfolgsgeschichte von Asbach, das Anwesen war seitdem mehr oder weniger verwaist, bis vor nicht allzu langer Zeit wieder Leben dort einkehrte. So hat Annette Perabo in dem ehemaligen Betontanklager der Destillerie mit Unterstützung der neuen Inhaberfamilie Wendel eine weltweit einmalige Vinothek, die »RheinWeinWelt«, eröffnet. Die historischen Räume wurden in ihrer Grundsubstanz erhalten, individuell und geschmackvoll modernisiert und mit Weinen von 76 Weingütern gefüllt.

Die hier vertretenen Weinmacher kommen aus dem Weinanbaugebiet und UNESCO-Weltkulturerbe Mittelrhein und den angrenzenden Gebieten Rheingau, Rheinhessen und von der Mosel. Die Verkostung verläuft so ungewohnt wie einzigartig. Der Gast kauft »Coins« und sucht sich aus den 150 Weinen auf über 1.000 Quadratmetern seine Lieblinge aus. Dann stellt er sein Glas unter den Zapfhahn eines Automaten, wirft eine der Münzen ein und erhält 20 Milliliter Probenwein. Auf großen Tafeln steht geschrieben, was und von wem er etwas trinkt. Jeweils zwei Weine, oftmals einen aus dem Segment der Alltagsweine und einen aus der obersten Liga, hat jeder Winzer selbst ausgesucht und bereitgestellt. Und wer seinen Lieblingswein gefunden hat, kann diesen direkt kaufen.

Nach der Weinprobe geht es in die angrenzende, mit viel Holz eingerichtete Weinlounge zu Käse vom Rheingauer Affineur, Wurst der Metzgerei Bach aus Assmannshausen und regionaltypischen Kleinigkeiten aus der Perabo'schen Küche. Und bei einem weiteren Glas denkt man sich: Wenn mir so viel Gutes widerfährt …

Adresse Am Rottland 6, 65385 Rüdesheim, Tel. 06722/9440277, www.rheinweinwelt.de | **ÖPNV** Rheingaulinie zum Bahnhof Rüdesheim, direkt gegenüber | **Anfahrt** B 42 bis Rüdesheimer Bahnhof, wenige Parkplätze vor der Vinothek | **Öffnungszeiten** So – Do 11 – 20 Uhr, Fr – Sa 11 – 22 Uhr, Jan. und Febr. geschlossen | **Tipp** In der berühmten Drosselgasse, rund 200 Meter vom Bahnhof entfernt, gibt es allerlei Nepp. Mittendrin findet man allerdings in »Breuer's Rüdesheimer Schloss« neben gutem Essen eine beeindruckende Weinkarte mit Aktuellem aus dem Familienweingut, Freunden aus dem ganzen Rheingau und einer Raritätenkarte mit über 350 Weinen der letzten drei Jahrhunderte.

65 Die Weinbar

»Place to be« in der Kurstadt

Wenn man Weinkisten in einem Baggersee versenkt, den ersten Weinberg auf Sylt errichtet, einem kreativen Blogger seine Weinherstellung anvertraut und eine »wineBANK« eröffnet, dann fällt man auf. Das Rheingauer Weingut Balthasar Ress hat in den vergangenen Jahren mit vielen pressewirksamen Aktionen für Aufsehen gesorgt, die Weinqualität dabei nicht vernachlässigt und ganz nebenbei auch noch gastronomische Akzente gesetzt.

Stilsicher schaffte es der Unternehmer Christian Ress, aus den Fußstapfen seines Vaters herauszutreten. Letzterer war Rheingauer Weinbaupräsident, der das klassische Riesling-Weingut mit treuer Stammkundschaft von seinem Großvater übernommen und traditionell weitergeführt hatte. Sohn Christian ist weniger Weinmacher, mehr Unternehmer und vor allem ein Mann voller Ideen. Mit dem ehemaligen Barbetreiber Dirk Würtz, der beim Fünf-Sterne-Winzer Wilhelm Weil seine Kenntnisse erwarb, setzte er Zeichen und einen als Weinblogger landesweit bekannten Fachmann als Betriebsleiter ein. Die Weine, die reihenweise Preise abräumen, können seit über fünf Jahren in der Wiesbadener »Weinbar« probiert werden. Dort geben sich die Weingenießer der Stadt die Klinke in die Hand. An Samstagen kann es schon mal vorkommen, dass eine Menschentraube die Mauergasse unpassierbar macht. Man sieht sich, und man kennt sich. Zum Ress'schen Wein gibt es Schinken- und Käse-Snacks, Spundekäs und Oliven, Nüsse und Brezeln. Draußen steht man an den Tischen und beobachtet die Passanten, trifft Bekannte und legt zwischen den Einkäufen eine Pause ein. Drinnen dominieren zahlreiche Weinkühlschränke die Einrichtung. Hier kann man auch sitzen und einen Espresso von der Frankfurter Rösterei trinken. Und wem es schmeckt, der kann in der Weinbar und Vinothek auch gleich eine Kiste seines Lieblingsweines erwerben. Die muss man ja dann nicht unbedingt in einem See versenken.

Adresse Mauergasse 10, 65183 Wiesbaden, Tel. 0611/5058469 | **ÖPNV** fast jede Buslinie hält an der Haltestelle Dernsches Gelände, von dort rund 100 Meter zu Fuß | **Anfahrt** Tiefgarage Markt, Einfahrt in der Bahnhofstraße, von dort rund 100 Meter zu Fuß | **Öffnungszeiten** Mo–Do 15–22 Uhr, Fr 12–24 Uhr, Sa 10–24 Uhr | **Tipp** Eine klassische Hotelbar bietet der »Nassauer Hof«, das erste Hotel am Platz, mit einer erlesenen Wein- und einer noch feineren Cocktailkarte ab 17 Uhr bis nachts um 2 Uhr. Pianobegleitung inklusive.

66__Die Vinothek 1337
Eine ehemalige Schlossschänke emanzipiert sich

Wilhelmina Frederika Louise Charlotte Marianne von Oranien-Nassau, von den Einheimischen liebevoll »Prinzessin Marianne« genannt, war eine unkonventionell denkende und lebende Frau. Nach der Trennung von ihrem Mann, Prinz Albrecht von Preußen, erwarb sie Schloss Reinhartshausen, lebte mit ihrem Kutscher zusammen und schaffte es auf fast spielerische Weise, trotz Verbannung aus den adeligen Kreisen, ihr Vermögen zu mehren. Sie sammelte Kunst und Immobilien und brachte Glanz in ihr Heimatschloss am Rhein. Eine emanzipierte Frau.

In ihrem Rheingauer Schloss wechselten in den vergangenen Jahrzehnten häufig die Besitzer, Weingut und Schlosshotel sind heute getrennt. Der einst von Marianne für die Öffentlichkeit geöffnete Schlosspark wurde jüngst von einer französischen Hotelkette nach über 150 Jahren geschlossen. Immerhin erlauben die Schlossherren noch den Zugang vom Leinpfad am Rheinufer zum Weingut, das seit ein paar Jahren die Weingutsfamilie Lergenmüller betreibt. Die dazugehörige Schlossschänke haben Karina und Stefan Lergenmüller zur Vinothek und Weinbar umfunktioniert, in der auch, in Erinnerung an die gute alte Zeit, Kunst ausgestellt wird.

Das Weingut gehört zu den besten Adressen der Region. Allein der historische Weinkeller mit seiner Schatzkammer voller Raritäten ist einen Besuch wert. Vor dem Schloss liegt die Rheininsel Mariannenaue, ab und an bringt eine Fähre Gäste hinüber. Das Klima an diesem Ort ist einzigartig, was ebenso für die Inselweine gilt. Aus dem hier wachsenden wilden Hopfen wird ein Craft-Bier gebraut.

Die Inselweine und alle anderen Weine von Schloss Reinhartshausen sowie ein paar Tropfen vom pfälzischen Muttergut der Lergenmüllers probiert man in der Vinothek. Und am Abend wird die Weinbar zum Treffpunkt für alle – für Erbacher und Gäste – und überrascht mit innovativen Wein-Veranstaltungen. Das hätte Marianne gefallen.

Adresse Hauptstraße 39, 65346 Eltville-Erbach, Tel. 06123/7504813,
www.schloss-reinhartshausen.de | **ÖPNV** Bus 171, Haltestelle am Markt, von dort rund
100 Meter zu Fuß | **Anfahrt** B 42 bis Abfahrt Hattenheim / Erbach, weiter Richtung Erbach
und vor dem Schloss am Ortseingang parken | **Öffnungszeiten** Mo–So 10–19 Uhr | **Tipp**
Von der Weinbar geht es in den Schlosspark und durch eine Straßenunterführung zum
Leinpfad am Rheinufer. Links entlang kommt nach 200 Metern die nächste Unterführung,
dann steht man vor dem »Erbacher Weintreff«, in dem gute Weine von wöchentlich
wechselnden Winzern ausgeschenkt werden.

67__Der Weinländer

»Frankie says relax«

Das gibt es überall. Man kommt in ein Stadtviertel, läuft durch eine Straße, sieht eine Eckkneipe und fühlt sich angezogen. Mitten in der hessischen Landeshauptstadt schmücken viele Bäume die Altbauten, die zwei Weltkriege unbeschadet überstanden haben. Im deutschen Kaiserreich erlebte Wiesbaden seine Blütezeit, die Einwohnerzahl stieg auf über 100.000. Dichter-, Feldherren- und Rheingauviertel entstanden. In Letzterem mit vielen nach Rheingauer Orten benannten Straßen verstecken sich hinter einem gusseisernen Geländer Holztische und -stühle, Bambussträucher und hellbraune Sonnenschirme. Ein paar Stufen führen nach unten ins Souterrain des schönen Eckhauses in der Rüdesheimer Straße. Dort schenkt »Der Weinländer« in der dritten Betreibergeneration aus.

Frank Pauli führt die Weinbar. Die Gründer boten nur Wein, die Nachfolger addierten zum Wein ein paar Snacks, und Frank, der auf seinem T-Shirt den Gast-Befehl »Frankie says relax« trägt, kombiniert seine Weine nun mit einer kreativen Speisekarte und Kultur. Ein wenig Öko-Chic, ein paar Sammelstücke, kunstvolle Fotografien und die Bar fallen im Gastraum ins Auge. Auf großen Wandtafeln stehen die Leckereien des Tages. Es gibt Klassiker wie Spundekäs oder Oliven, aber auch Innovationen wie fette Burger oder Flammkuchen mit Spargel, Ziegenkäse oder Erdbeeren. Bei der Weinauswahl bleibt die Crew kreativ und verzichtet auf ein Bekenntnis zu irgendeiner Weinregion, schmecken muss es halt. Und passen müssen die zwanzig Weine im Ausschank – zum Chef, zu den Gästen und zum Essen. Frank Pauli ist Überzeugungstäter, hat seinen alten Job an den Nagel gehängt und seine Weinleidenschaft zum neuen Beruf gemacht. Das spürt man vom Service bis zur Küche, und das ist grundsympathisch. Und jeden Montag gibt's Livemusik: internationale Singer-Songwriter, junge Talente, erfahrene Spitzen. Indie, Folk, Blues, Weltmusik.

Adresse Rüdesheimer Straße 21, 65197 Wiesbaden, Tel. 0611/9742601, www.der-weinlaender.de | **ÖPNV** Bus 4, 17, 18, 23, 24, 27, 45, 47, Haltestelle Eltviller Straße, von dort rund 200 Meter zu Fuß | **Anfahrt** A 66, Abfahrt Schiersteiner Straße, über Konrad-Adenauer-Ring, rechts in die Rüdesheimer Straße, wenige Parkplätze am Straßenrand, Parkplatz Elsässer Platz, gut 500 Meter entfernt | **Öffnungszeiten** So–Do 17–23.30 Uhr, Fr und Sa 17–0.30 Uhr | **Tipp** Die Rüdesheimer mündet in die Adelheidstraße, in der im Hinterhaus der Hausnummer 18 die Weinhandlung »Le Bonheur« in einem kleinen Verkaufs- und Probebereich und einem riesigen Gewölbekeller internationale Weine anbietet.

68 Der Zeilenspringer
Ausschank am Felsenkellerstollen

Wenn man im Weinberg arbeitet, springt man von Zeile zu Zeile und ist somit ein »Zeilenspringer«. Im Rheingau haben sich einige Winzer unter dem Namen »Zeilensprung« zusammengetan. Gemeinsam vertreten sie den Rheingau, organisieren Veranstaltungen und »schauen über die Zeile hinaus« – neugierig, entwicklungsfreudig und stets im regen Austausch. Das Miteinander macht die befreundeten Kollegen zu etwas Besonderem in der Weinwelt, in der häufig nur die eigene Marke im Fokus steht. Gründungsmitglieder des »Zeilensprungs« sind die Weingüter Georg Breuer, Chat Sauvage, Goldatzel, Hanka, Sohns sowie das Sekthaus Solter und das Bischöfliche Weingut Rüdesheim. Jüngstes Mitglied ist das Weingut Altenkirch.

Altenkirchs »Zeilenspringer« ist der gebürtige Mönchengladbacher Jasper Bruysten. Auf die Frage nach dem schönsten Keller der Region fällt fast immer der Name seines Weingutes. Die historischen Gewölbekeller muss man einfach gesehen haben. In einer Tiefe von bis zu hundert Metern wurden sie mit einem unvorstellbaren Aufwand in den Felsen angelegt.

Nebenan lädt Sommelier Ronny Licht in den Gutsausschank der Altenkirchs. Hohe Kathedralenfenster sorgen hier für viel Tageslicht, die zeitlosen Tische und Stühle sind bequem und der Service einem echten Weingenießer würdig. Locker und leicht empfiehlt Licht seine Weine zu regionalen Speisen, hilft auf der Suche nach dem Lieblingswein und plaudert über die Steillagen im Rheintal und die Besonderheiten des Lorcher Weins. Von der Terrasse schaut man über die Uferstraße ins enge Rheintal und auf die steilen Berge drum herum. Wildbratwurst, Tatar von der Wisperforelle, der »besten Forelle der Welt«, Spinatknödel oder Krautflammkuchen schmecken hier bestens zu den mineralischen Rieslingen. Und wenn man freundlich fragt und es gerade passt, kann man einen Blick in den Stollen werfen, der auch für Verkostungen genutzt wird.

Adresse Binger Weg 2, 65391 Lorch am Rhein, Tel. 06726/830012, www.weingut-altenkirch.de | **ÖPNV** Rheingaulinie ab Koblenz oder Frankfurt bis Bahnhof Lorch, von dort rund 100 Meter zu Fuß | **Anfahrt** B 42 von Wiesbaden über Rüdesheim bis Abfahrt kurz vor Lorch, über Bächergrund und Binger Weg, wenige Parkplätze | **Öffnungszeiten** Gutsausschank: Karfreitag–Nov. Fr und Sa ab 17 Uhr, So ab 15 Uhr; Vinothek: Mo–Fr 9–16 Uhr und wenn der Ausschank geöffnet hat | **Tipp** Lorch liegt am Rheinsteig, einem Fernwanderweg zwischen Wiesbaden und Bonn, mit Rheinsichten satt. Die Etappen vor und nach Lorch gehören zu den schönsten und spektakulärsten des Weges.

69__Der Goldene Engel

Die Verfeinerung des Bodenständigen

Klaus Mayer versteht sein Fach. Er lernte in der »Krone Assmannshausen«, arbeitete in der Drei-Sterne-Küche des »Waldhotels Sonnora« in der Eifel, anschließend unter anderen »Im Gütchen« in Bad Kreuznach, in Wiesbadens Gourmettempel »Ente« und auf Schloss Sörgenloch. Ratgeber und Mentoren hatte er viele, ebenso reichlich hat er auf seinem Weg Ideen gesammelt. Mit diesem Erfahrungsschatz eröffnete er 2011 sein eigenes Restaurant. »Die Verfeinerung des Bodenständigen«, so lautet sein Motto. Und welcher Ort wäre dafür besser geeignet als der Marktplatz im Winzerdörfchen Flonheim? Die hiesigen Weingüter kommen ohne Schnickschnack aus, »normale Leut halt«, sagt man hier. Ein Mosaik aus Weinbergen umgibt den Ort, die nächste Großstadt, Mainz, liegt über 30 Kilometer entfernt.

Für Weingenießer ist der »Engel« die perfekte Adresse. Viele kehren ohne Erwartungen ein und werden dann von der üppigen Weinkarte überrascht. Über 100 Positionen bester Gewächse aus der Region, zwei weiteren deutschen Weinanbaugebieten und dem Rest der Welt sind hier vereint. Die Namen allein lassen den Gaumen jubilieren: Manz, Wagner-Stempel, Battenfeld-Spanier, Wittmann, ganz oben Keller, der beste deutsche Winzer. Ausgewählte Flonheimer bilden das rheinhessische Angebot. Aus dem Rheingau grüßt Spreitzer, das Weingut Poss von der Nahe. Und die internationale Vertretung kommt aus Neuseeland, Australien, Chile, Spanien, Italien und Frankreich. Neben den Weinen gibt es Winzersekte und Champagner. Mayer ist ständig auf der Suche nach neuen Entdeckungen, die Weinkarte entsprechend variabel. Geöffnet werden die Flaschen in der Vinothek oder im Restaurant. Dort bekommt man ab zehn Personen sogar ein Menü nach eigenen Wünschen zusammengestellt. Einfacher geht es »à la carte« mit der regelmäßig wechselnden Speisekarte, auf der viel Bodenständiges aufgeführt ist, verfeinert, versteht sich.

146

Adresse Marktplatz 3, 55237 Flonheim, Tel. 0634/913930, www.zum-goldenen-engel.com | **ÖPNV** Bus 446, Haltestelle Flonheim Marktplatz | **Anfahrt** A 61, Abfahrt Bornheim, über Mainzer und Bornheimer Landstraße, Alzeyer Straße zum Marktplatz | **Öffnungszeiten** Mo–Di 17–22 Uhr, Do (nur Mai–Aug.) 17–22 Uhr, Fr–So 12–14 und 17–22 Uhr | **Tipp** Wissen Sie, was ein »Hiwwel« ist? Ein Hügel, und über solche führen die rheinhessischen Hiwweltouren. Eine davon durch das Aulheimer Tal mit »Hiwwelrast« am Bornheimer Aussichtsturm. Der liegt nur einen Ort von Flonheim entfernt. Von April bis Oktober wird hier samstags ausgeschenkt.

70__Die Gud Stubb

Woher kommt der Portugieser?

Nach Spätburgunder und Dornfelder ist der Blaue Portugieser die drittwichtigste Rotweinrebsorte in Deutschland. Besonders in der Pfalz und Rheinhessen wird die relativ anspruchslose Traube angebaut. Der fertige Wein ist als Schoppenwein beliebt, vollmundig einerseits, aber auch frisch und süffig. »Kammerwein«, sagen sie im Rheingau dazu, den »kam'mer trinke«. Ich mag ihn im Gegensatz zu anderen Rotweinen lieber etwas kühler, dann passt er sogar in die Sommerzeit.

In Gundersheim pflegt Andreas Huppert den Portugieser und das Erbe seiner Vorfahren. Seinen Ausschank betreibt er in einem barocken Fachwerkhaus, das 1717 von Arnold Huppert und seiner Frau Anna Cathrina Huppertin erbaut wurde. Heute steht es unter Denkmalschutz und beherbergt die »Gud Stubb«, das geschmackvoll eingerichtete, schlichte und traditionelle Weinrestaurant des Weingutes. Neben dem Portugiesen werden hier die klassischen rheinhessischen Rebsorten Müller-Thurgau, Riesling, Spätburgunder und Dornfelder ausgeschenkt. Einen Schluck wert sind die beiden Weißwein- und Rotwein-Cuvées. Probieren Sie unbedingt den harmonischen Blauen Portugieser Classic, nach dem man – laut Expertise – »abends höchst ausgeglichen zu Bett geht«. Großer Beliebtheit erfreuen sich in der Gutsschänke auch die spritzigen Seccos, die Andreas Huppert in Rot und Weiß ausbaut.

Der Koch und Jäger Andreas Löwenstein leitet das Lokal der Hupperts – beides gleichzeitig wäre für den Winzer zu viel. Die gesamte Bandbreite der Gutsschänken-Küche kommt auf den Tisch: Spundekäs, Knobi- und Schmalzbrot, Bratwurst, Leberknödel, Flammkuchen, Schnitzel und Rumpsteak, junge Küche mit Burgern und BBQ-Leckereien und ganzjährig Wildspezialitäten. Ach ja, und Imker ist er auch und versüßt mit seinem Honig die Desserts. Mehr geht kaum. Und übrigens: Der Portugieser stammt nicht aus Portugal, sondern aus Slowenien.

Adresse Wormser Straße 7, 67598 Gundersheim, Tel. 06244/57326 (Gud Stubb),
Tel. 06244/308 (Weingut), www.weingut-huppert.de | **ÖPNV** Regionalbahn von Worms
oder Bingen bis Bahnhof Gundersheim, von dort rund 700 Meter zu Fuß | **Anfahrt** A 61,
Abfahrt Gundersheim, über Neuweg und Untere Grabenstraße zur Wormser Straße,
wenige Parkplätze am Straßenrand und im Hof | **Öffnungszeiten** Mi−Sa ab 18 Uhr (im
Winter ab 17.30 Uhr), So 11.30−14 und 17−21 Uhr | **Tipp** In Gundersheim sprudelt aus
sechs Brunnen reines Quellwasser aus der rheinhessischen Hügellandschaft. Setzen Sie sich
mit einem Glas Wein neben den Brunnen und lauschen Sie dem steten Plätschern –
schmecken Sie den Unterschied?

71___Das Höfchen

Schön wie schon immer

Weinbau ist konservativ. Das hören viele Winzer sicher nicht gern. Schließlich haben sie seit Jahren moderne, teure Vinotheken aus dem Boden gestampft, ihre jungen Weine sofort trinkbar ausgebaut und Agenturen für Gesamtlook inklusive Etiketten engagiert. Aber Weinbau ist dennoch konservativ, und das ist gut. Der Bürgermeister von Eltville am Rhein predigt »konservativ statt rechts« mit Blick auf die gute Seite dieser Grundhaltung.

Im Weingut Erbenich ist die konservative Welt noch in Ordnung. »Der Hauptzweck des Lebens besteht darin, es zu genießen«, sagt Evi Erbenich, die Chefin der Gutsschänke »Im Höfchen«. Für sie zählen Freundlichkeit im Service und Gemütlichkeit in der Stube zu dem, was erhaltenswert ist. Zwischen Bruchsteinmauern und Sträuchern sitzt man im Innenhof wie in einem italienischen Gehöft. Man ist offen für alle, blickt durch die Stäbe des gusseisernen Tores hinein oder zu den Vorbeihastenden hinaus. Das Kopfsteinpflaster war schon immer da, so scheint es, und die Holzfässer im wunderschönen Bilderbuchkeller liegen dort mindestens schon sehr lange. Die bunten Polster auf den bequemen Gartenstühlen stammen nicht vom hippen Designer, aber man ist ja auch konservativ unterwegs und mag das Einfache lieber als Schickimicki. Kinder sind unbedingt willkommen und können in dem geschlossenen Bereich herumrennen. Keiner stört sich daran. Italienisches Familienflair – wie gesagt. Hier hat es niemand eilig, hier wird entspannt und genossen. Evi Erbenich schenkt den Wein ihrer Familie aus. Gerhard und Sven Erbenich produzieren Gau-Bickelheimer Lagenweine, wie früher, und aktuell bedeutet hier im Schwerpunkt, dass Weine auch aus den vergangenen drei Jahren stammen können. Dazu zeigt die Gastgeberin ihre Liebe zur Küche und serviert Schnitzel, Rumpsteak, Geschnetzeltes, »Wingertsknorze«, Wurstplatte und Landschinken, passend zum Wein. Echt konservativ eben, echt schön.

Man nehme
ein gutes Glas Wein
und schütte es in den Koch!

Adresse Schmalzgasse 4, 55599 Gau-Bickelheim, Tel. 06701/7701, www.weingut-erbenich.de |
ÖPNV Regionalbahnen bis Bahnhof Gau-Bickelheim, von dort rund 500 Meter zu Fuß |
Anfahrt A 61, Abfahrt Gau-Bickelheim, über B 50 und B 420 bis zur Tankstelle, dann links
Am Heinersrech und rechts zum Weingut | **Öffnungszeiten** jeweils einige Wochen in allen
vier Jahreszeiten, dann Fr und Sa ab 18 Uhr, So ab 17 Uhr | **Tipp** Im »Winzerhof Schnabel«,
gut 400 Meter die Bahnhofstraße entlang, geht es ebenfalls gemütlich und einfach zu. Ein
Sandkasten lädt zum Spielen im rebenbewachsenen Hof, und die eigenen Weine und selbst
gemachten Gerichte werden zweimal im Jahr für vier bis sechs Wochen (im Frühling und
Herbst) serviert.

72 Das Kloster Engelthal
Die Weinflasche für Sommertage

Die Weinwelt ist alt, jahrtausendealt. Einst brachten die Römer die Kunst des Weinmachens zu den Germanen. Ich hatte mal eine Anzeige aus meinem Heimatdorf im Rheingau in der Hand, in der stolz von »reinem Wein« die Rede war, den man im Ausschank habe. Das war 1913. Seitdem ist die Qualität kontinuierlich gestiegen. Es gibt kaum noch ein Weingut, das »saure, trübe« Weine anbietet. Zugleich wurden immer neue Gläser entwickelt, aus denen der Wein noch besser schmeckt. Auch beim Design und der Funktion von Verschlüssen und Flaschen gab es gerade in den vergangenen Jahrzehnten viele Neuerungen. Kork-, Glas- und Schraubverschlüsse sind auf dem Markt. Bauchige, schlanke, weiße, grüne und braune Flaschen füllen die Weinregale.

Was Flaschenformen betrifft, fiel mir ein Ingelheimer Weingut auf. Holger und Burkhard Wasem bieten ihren Kunden die weltweit erste doppelwandige Glasflasche an, die – wie eine Thermoskanne – den Wein länger kühl hält und so den erfrischenden Trinkgenuss verlängert. »Cooleo« heißt die innovative Lösung für Ausflug, Balkon, Terrasse und natürlich für den Garten des Klosters Engelthal, in dem das Weingut Wasem seine Weine glas- und flaschenweise feiert. In dem 1290 erstmals erwähnten, denkmalgeschützten Anwesen des ehemaligen Zisterzienserklosters wurde die historische Bausubstanz mit moderner Architektur gelungen kombiniert. Heute belebt das Weingut die Klostermauern mit Lesungen, After Work Lounge und einem Restaurant im alten Kreuzgewölbe mit großem Innenhof. Serviert wird Regionales mit Zutaten von Ingelheimer Lieferanten: Spanferkel, Heilbutt, Rumpsteak, Kalbsleber, Klosterburger oder auch veganes Couscous und vegetarisches Omelette, mit Wasem'schen Weinen als perfekte Ergänzung. Diese gibt es in der angeschlossenen Vinothek und einen Steinwurf entfernt bei Veranstaltungen im Weingut. Dessen Mauern sind übrigens auch sehr alt.

Adresse Edelgasse 15, 55218 Ingelheim, Tel. 06132/2304, www.wasem.de | **ÖPNV**
Bus 612 ab Bahnhof Ingelheim, Haltestelle Altegasse, von dort rund 500 Meter zu Fuß |
Anfahrt A 60, Abfahrt Ingelheim-West, rund 4,5 Kilometer über Rheinstraße, Binger
Straße und L 428 bis Edelgasse | **Öffnungszeiten** Mo – Sa ab 17 Uhr, So ab 12 Uhr,
Mi geschlossen; Weingut Mo – Fr 7.30 – 18.30 Uhr, Sa 9.30 – 18 Uhr, So 12 – 17 Uhr |
Tipp Die Stadt Ingelheim renoviert den über 100 Jahre alten, riesigen Winzerkeller der
Nieder-Ingelheimer Winzergenossenschaft und platziert darin eine Ortsvinothek mit
Weinen von 25 Weingütern und einer Gaststätte. Die Pläne sehen phantastisch aus.
Fertigstellung Ende 2018.

73 Der Kornspeicher

Naturverbundener Weingenuss

Über eine Straße ohne Namen fährt man hinauf. Kurz vor dem Gipfel reihen sich wenige Häuser aneinander. Auf dem Laurenziberg leben rund 200 Menschen, hier kommt man nicht zufällig vorbei. Einmal im Jahr pilgern viele Gläubige zu Ehren des heiligen Laurentius zu der kleinen Wallfahrtskirche auf dem rheinhessischen Hügel. An seinem Namenstag, dem 10. August, besagt eine Bauernregel: »Sankt Laurentius füllt mit heißem Hauch dem Winzer Fass und Schlauch.« Die Familie Langwerth von Simmern begann nach dem Dreißigjährigen Krieg mit dem Wiederaufbau der Siedlung. Später bekam der Ort einen Namen, die Straßen jedoch nicht. Es gibt Hausnummern, allerdings nicht in einer logischen Folge.

Bis zu einer großen Hofanlage muss man fahren, um zum kleinen Weingut der Familie Sterk zu gelangen. An den Hängen des Laurenziberges wachsen ihre Rebsorten Grauer Burgunder, Morio Muskat, Müller-Thurgau, Riesling, Scheurebe und Silvaner. Markus Sterk baut die Weine aus, die er mit seiner Frau Elke in der eigenen Gutsschänke, gleich neben dem Weingut und Wohnhaus, serviert. Die Weine finden in den Medien keine Erwähnung, auch der Ausschank ist wenig bekannt. Zum Glück, denn so sitzt man völlig entspannt auf der großen Wiese, mit einem Ausblick über den Rhein nach Hessen bis zum Großen Feldberg, oder im alten Kornspeicher. Der wurde Ende des 18. Jahrhunderts errichtet und vor ein paar Jahren zu einem gemütlichen, rustikalen Gasthaus mit Holzbalken an der Decke umgebaut, zum Mobiliar gehören lange Tische, bequeme Stühle und ein Klavier.

Spezialität des Hauses ist der »Matzeberger Spezi«, ein deftiger Handkäse-Aufstrich, der den Spitznamen des Dorfes trägt. Pflaumen-Zwiebel-Schmalz, Sülze mit Wildfleisch, Birnen-Gorgonzola-Flammkuchen oder Kürbis-Sauerkraut, die Küche ist kreativ und rundet diesen naturverbundenen Weingenuss abseits der belebteren Rheindörfer ab.

Adresse Laurenziberg 32, 55435 Gau-Algesheim, Tel. 06725/6350, www.im-alten-kornspeicher.de | **Anfahrt** A 60, Abfahrt Ingelheim-West, weiter durch Gau-Algesheim Richtung Ockenheim, links zum Laurenziberg | **Öffnungszeiten** Sa ab 17 Uhr, So ab 16 Uhr | **Tipp** Das Weingut Lich betreibt auf dem Laurenziberg, nicht weit vom Kornspeicher entfernt, ebenfalls eine Gutsschänke mit eigenen Weinen und leckerer Hausmannskost in Hausnummer 6.

74__ Das Laurenz
Flaschen an der Decke und auf den Tischen

Fragt man einen rheinhessischen Winzer nach einem guten Weingenießerort, wird häufig das »Laurenz« in der Mainzer Neustadt genannt. Das hat seine Gründe. Zum einen sind viele Weingüter zwischen Bingen, Worms und Mainz mit ihren Weinen selbst vertreten. Zum anderen stehen zwei erfahrene Gastronomen und ein Winzer an der Front. Nicht zuletzt fühlt man sich vor allem wohl. Schon der erste Eindruck zeigt die Liebe zum Wein und zum Detail. Eine Lampe aus leeren Flaschen schwebt über den Köpfen. Aus Wingertstöcken wurden Tische gebaut. Die schallisolierte Decke schluckt den Lärm der Gästescharen, die hier seit der Eröffnung hineinströmen. Andreas Schnura, Christoph Rombach und Marcus Landenberger haben vieles selbst gemacht und in nur wenigen Wochen aus einer dunklen Stube eine freundliche Weinbar gezaubert. Man gehört zur Stadtszene, und man verbündet sich mit ihr. Zum Beispiel mit einem Ausschank beim Sommerfest der Filmproduktionsfirma »Kontrastfilm«.

Die Weinbar und Vinothek schließt eine Lücke in der von Gastronomie dicht besiedelten Neustadt. Weinstuben gehörten zuvor nur zur Altstadt. Doch hinter den alteingesessenen Lokalen dort muss sich das »Laurenz« nicht verstecken, im Gegenteil. Blättern Sie einmal durch die Weinkarte oder alternativ durch die Weinführer Eichelmann und Gault Millau, hier wie dort finden Sie die besten der Weinmacher: Battenfeld-Spanier, Gunderloch, Kühling-Gillot, Raumland, Schätzel, St. Antony, Wagner-Stempel und Wittmann – um nur die häufig genannten zu erwähnen. Für die Mainzer Seele wird übrigens auch zum Wein einiges geboten: eine »regionale, experimentelle Cross-over-Küche« zum Beispiel. Dahinter verbergen sich dann Käseplatte mit Bauernbrot, eingelegte Oliven oder Matjesfilet, Jakobsmuscheln und gegrillter Kabeljau bis zu kreativen Festtagsmenüs. Die Flaschen kann man auch für zu Hause kaufen oder gegen ein Korkgeld im Lokal öffnen.

Adresse Gartenfeldstraße 9, 55118 Mainz, Tel. 06131/2168660, www.laurenz-mainz.de |
ÖPNV vom Mainzer Hauptbahnhof circa 500 Meter zu Fuß | **Anfahrt** A 643, Abfahrt
Mainz-Mombach, über die Rheinallee 5,5 Kilometer bis Kaiserstraße, rechts ab in die
Gartenfeldstraße, Tiefgarage Bonifazius-Türme circa 250 Meter entfernt | **Öffnungszeiten**
So–Do 17–1 Uhr, Fr–Sa 17–2 Uhr | **Tipp** Auf der anderen Seite der Kaiserstraße
betreibt der gelernte Weinbautechniker Michael Reinfrank in der Neubrunnenstraße eine
seiner beiden Weinhandlungen »Weinraumwohnung« mit Weinen aus ganz Deutschland
und kreativen Themenabenden.

75__ Der Lösch

Weinstangen zum Rumpsteak

Am Fuße des Jakobsbergs, auf dem einst ein Benediktinerkloster stand, liegt die Jakobsbergstraße. Im Sommer sitzen hier Weingenießer dicht gedrängt wie auf einem kleinen Weinfest in der autofreien und mit altem Kopfsteinpflaster gedeckten Seitengasse der Altstadt. Gleich drei Lokale schenken an diesem idyllischen Ort den Wein der Region aus. Eines davon ist die »Weinstube Lösch«. Sie war als Erste da und nennt sich gern historisch. Und das mit Recht. Eine dunkelbraune Holzdecke und eine durchgehende Wandvertäfelung, deren Holz von einer fast 2.000 Jahre alten Mainzer Römerbrücke stammen soll, dämmen die Geräusche und schaffen eine gemütliche Atmosphäre. Einst war hier eine Schmiede, deren Besitzer den wartenden Pferdehaltern auch mal einen Schoppen anbot. Seit 1907 sind die Pferde weg, der Schoppen ist geblieben und wird heute in Mainzer Weinstangen eingeschenkt. Das klingt nach einfachem Wein, stimmt aber nicht, denn die liefernden Weingüter sind durchaus namhafte Betriebe aus Rheinhessen und auch aus dem Rheingau. Einer der früheren Besitzer der Weinstube hieß Lösch, daher der Name.

Zu den Weinen verspeist man gern ein köstliches Rumpsteak, dessen Ruf über die Mainzer Grenzen hinausreicht. Oft bestellt werden Hacksteak, Bauernschnitzel und Bratkartoffeln mit Röstzwiebeln. Natürlich darf die »Meenzer Fleischworscht« nicht fehlen, aber es gibt auch Überraschendes auf der Speisekarte wie Apfel-Griebenschmalz-Brot, Tapas zum Selbst-Anmachen oder den eigentlich vor allem im Süden des Landes bekannten Kaiserschmarrn. Die Portionen sind üppig, die Preise moderat. Jörg Sommer heißt der Wirt, und sein Team bedient herzlich und mit dem für die Gegend typischen Schlappmaul. Man ist direkt und sagt, was man denkt, so sind die Mainzer. Hier teilt man sich mit Mainzer Originalen den Tisch, und zum Abschluss gibt's einen »Rhoihessischen Grappa«.

Adresse Jakobsbergstraße 9, 55116 Mainz, Tel. 06131/220383, www.weinstube-loesch.de |
ÖPNV S- und Regionalbahnen ab Mainz Hbf, Haltestelle Römisches Theater, von dort
etwa 300 Meter zu Fuß | **Anfahrt** A 60, Abfahrt Mainz-Innenstadt bis Rheinstraße, dann
links in die Holzhofstraße bis Parkhaus Römisches Theater, von dort keine 100 Meter zu
Fuß | **Öffnungszeiten** Di–Fr 15–24 Uhr, Sa 14–24 Uhr, So 12–23 Uhr | **Tipp** Gegenüber
in der »Weinstube Michel« werden oben und im Gewölbekeller selbst gemachte Weine
ausgeschenkt. Zum Essen sucht man sich etwas auf der in leichtem Mainzer Dialekt
geschriebenen Speisekarte.

76 Das Marktfrühstück
»Weck, Worscht und Woi« beim Schwätzchen

Harald Martenstein schreibt eine Kolumne im »Zeit-Magazin«. Ich liebe seine selbstironische, spitze Feder. Der Wahlberliner ist der erste Weinbotschafter der rheinland-pfälzischen Hauptstadt Mainz, seiner Geburtsstadt, und der Weinregion Rheinhessen. Als jugendlicher Lesehelfer kam er zum ersten Mal mit dem Thema Wein in Berührung. Zum Amtsantritt tauchte er am Mainzer Dom auf, an einem Samstag. Dann ist Markttag, und Bauern aus der Region bieten an über hundert Ständen Obst, Gemüse, Fisch, Fleisch, Geflügel und Pflanzen an. Vom Mainzer Höfchen über den Marktplatz bis zum Liebfrauenplatz erstreckt sich das bunte Treiben.

Auf Letzterem steht ein Weinstand, den die Mainzer Winzer betreiben, wobei sie sich beim Ausschank abwechseln. Auf der Liste der Weingüter sind Weingrößen aufgeführt wie Mirjam Schneider, Eva Vollmer, die Fleischers vom Weingut der Stadt, Eckerts vom Laurentiushof und der Katharinenhof. Ab Frühling findet hier das Marktfrühstück statt. Man bringt sich seine Fleischwurst – das Nationalgericht der Domstädter –, Spundekäs und Brot mit oder kauft an einem der umliegenden Essensstände die gewünschten Frühstückszutaten. Am beliebtesten auch hier: »Weck und Worscht«. Dazu holt man sich ein Glas oder besser gleich für die versammelten Freunde eine Flasche Rheinhessischen Riesling, Silvaner, Scheurebe oder Spätburgunder – was der jeweilige Winzer eben im Programm hat. Nun beginnt das eigentliche Vergnügen: Es werden Schwätzchen gehalten, das Neueste vom Neuen im Stadtgeschehen diskutiert und analysiert und – während der Spielzeit – der Zustand der Fußballer von Mainz 05 besprochen. Nicht wenige sind bei Heimspielen bereits mit Fanmütze und Schal ausgestattet und fahren direkt vom Marktfrühstück mit dem Bus hinauf zum Stadion. Gäste werden jederzeit willkommen geheißen und kommen schnell mit den Einheimischen in Kontakt.

Adresse Liebfrauenplatz, 55116 Mainz | **ÖPNV** Bus 55–57, 62–65, Haltestelle Höfchen, von hier über den Markt hinter den Dom bis zum Brunnen am »Haus zum römischen Kaiser« | **Anfahrt** A 643, Abfahrt Mainz-Mombach, über die Rheinallee 6 Kilometer bis Parkhaus Rheingoldhalle, von dort rund 400 Meter zu Fuß | **Öffnungszeiten** Weinstand: Sa 9–16 Uhr, Marktstände: bis 14 Uhr | **Tipp** Die Mainzer Weine kann man in der warmen Jahreszeit in der Nähe des Fischtores am Rheinufer an einem Weinprobierstand kosten. Im Winter wird im »Fort Malakoff« ausgeschenkt.

77 Der Morstein

Vielleicht mal Veganes zum Wein

Die Weinlage Morstein gehört zu den besten Deutschlands. Der VDP listet sie unter seinen »Großen Gewächsen«. »In Loco Morstein« hieß die Lage 1282, als man den Weinberg erstmals urkundlich erwähnte. Nicht ganz so alt ist die Villa am Morstein mit dem einladend klingenden Namen »Gut Leben am Morstein«. Die wurde 1899 gebaut und diente knapp 100 Jahre der Familie von Valentin Keller als Sitz ihres Weingutes. Die Familie hatte keine Nachkommen mehr, die letzte Angehörige verstarb, und das Haus blieb rund zwölf Jahre unbewohnt. Dann entdeckte es der Unternehmer Stefan Spies, selbst in einem Weingut in Heßloch aufgewachsen. Zusammen mit seiner Schwester Kerstin Spies hat er es nun zu einem herzlichen Ort des »Guten Lebens« umgestaltet.

»Wir wollten das Haus wieder der Öffentlichkeit zugängig machen«, erklärt sie und plaudert von der vierjährigen Kernsanierung, bei der in der Villa alte Deckenmalereien, schöne Holzvertäfelungen und alte Fliesen restauriert wurden. Im Obergeschoss des »Schlösschens«, wie die Geschwister die herrschaftliche Villa nennen, werden – aus Überzeugung – viele vegane Speisen angeboten. Eine Etage tiefer geht es in den sattgrünen Weingarten. Im Sommer sitzt man auf der großen Wiese unter hellen Sonnenschirmen und würde sich nicht wundern, wenn gleich ein Polospieler oder eine Hochzeitsgesellschaft vorbeischaut. Dabei geht es hier bei einem Gläschen genauso entspannt zu wie bei den Kulturveranstaltungen, die ab und an im Zwillingskeller mit seinen beiden 35 Meter langen Gewölben stattfinden. Wo früher der Wein lagerte, fühlt man sich heute wie im Mainzer Unterhaus. Bei der Weinkarte bleiben sich die Betreiber treu und suchen nachhaltige Produkte aus der nahen Umgebung Rheinhessens. Und die kann sich mit Weingrößen wie Wittmann, Keller, Gröbe, Battenfeld-Spanier Dreissigacker oder Manz sehen lassen. Und natürlich ist auch einer von Gerold Spies aus Heßloch und ein Morstein dabei.

Adresse Mainzer Straße 8−10, 67593 Westhofen, Tel. 06244/9186772, www.am-morstein.de | **ÖPNV** Bus 434, Haltestelle Otto-Hahn-Schule, von dort etwa 600 Meter zu Fuß | **Anfahrt** A 61, Abfahrt Gundersheim, durch Westhofen Richtung Dittelsbach-Heßloch bis Mainzer Straße | **Öffnungszeiten** Restaurant: Mi−Sa ab 18 Uhr, So 12−15.30 und ab 18 Uhr, Weingarten: Mi−Sa ab 18 Uhr, So 12−19.30 Uhr | **Tipp** Im 600 Meter entfernten Hirschhof baut Tobias Zimmer seine Weine, die man im Probierstübchen verkosten kann, streng nach den biologischen Richtlinien von Ecovin aus. Den Hof erhielt sein Urahn 1466, nachdem er seinen Lehnsherrn vor einem Hirsch gerettet hatte.

78 Das oder die Mundart
Bekenntnis zur Weinregion

Jedes Weinanbaugebiet hat seinen eigenen Dialekt. Die Sachsen sächseln, die Württemberger schwäbeln, die Franken sprechen bayerisch – oh, sorry, natürlich nicht, sondern fränkisch. In Rheinhessen wird »rhoihessisch gebabbelt«. Man nennt das bekanntlich Mundart, und diesen Begriff aufgreifend, haben der Schwarzwälder Markus Hebestreit und seine Frau Beatrix ihr Restaurant »Mundart« genannt. Mund-Art, Sie verstehen.

Die Kunst für den Gaumen hat Hebestreit in diversen Gourmet- und Sterne-Häusern erlernt und dann im eigenen Lokal geschliffen. Seine in Rheinhessen geborene Frau pflegt weniger ihren Heimatdialekt, ihr kommt es vor allem auf die regionale Herkunft der Produkte an. Für die Vollblut-Gastronomin ist das Weinrestaurant eine Herzensangelegenheit, und sie freut sich, nach vielen Jahren im Schwarzwald wieder zu Hause angekommen zu sein. Die eingeschenkten Weine stammen ausschließlich von rheinhessischen Weingütern, die Auswahl reicht von Battenfeld-Spanier und Becker-Landgraf bis Thörle, Wagner-Stempel und Wittmann – durchweg für ihre Qualität gelobte Weinmacher. Regelmäßig schaut einer von ihnen vorbei, entweder privat zum Essen oder zu den kulinarischen Weinmenü-Abenden, wenn ihre Weine an der Seite der Kochkunst auftreten. Wir bewegen uns qualitativ haarscharf an der Gourmetgrenze, preislich aber noch im gehobenen gutbürgerlichen Rahmen. Zusammen mit dem herzlichen und fachkundigen Service wird einem der Weingenuss einfach gemacht. Die bequemen Stühle stehen im Erdgeschoss und im Gewölbekeller mit Fußbodenheizung, der perfekte Ort im Winter. Im Sommer gibt's Freiluftplätze unter Sonnenschirmen im gepflasterten Innenhof der alten Hofreite. Familiär und stimmungsvoll, könnte das »Mundart« auch die Straußwirtschaft eines Weingutes sein. Wenn nicht das erstklassige Essen und die große Weinauswahl wären. Urteil: ganzjährig »rhoihessischer« Weingenuss.

Adresse Weedengasse 8, 55291 Nieder-Saulheim, Tel. 06732/9322966,
www.mundart-restaurant.de | **ÖPNV** Regionalzüge bis Bahnhof Saulheim, von dort
rund 400 Meter zu Fuß | **Anfahrt** A 63, Abfahrt Saulheim, über Mainzer Straße bis
Weedengasse rechts, wenige Stellplätze in der Nähe, größerer Parkplatz am Bahnhof |
Öffnungszeiten Fr–Di 17.30–24 Uhr, sonntags auch 11.30–14 Uhr | **Tipp** In der gut
zehn Kilometer entfernten Straußwirtschaft des Weingutes Bernhart in Stadecken-
Elsheim servieren der Winzer und seine Frau ihre selbst gemachten Weine und Gerichte,
und der Senior unterhält derweil die Gäste.

79___Der Park der Spanier
Genuss am Jugendstilpavillon

Es ist eine Krux. Will man herausragende Weine eines der besten
Weingüter verkosten, ohne sich gleich zum Kauf verpflichtet zu
fühlen, ist das schwierig. Viele Winzer verzichten auf die einfache
Möglichkeit, eine Weinprobe zu einem Fixpreis anzubieten, und
schaffen so eine Hürde zwischen sich und den potenziellen Kunden.
Nicht so bei Kühling-Gillot, einem der Erzeuger von Spitzenweinen. Südlich von Mainz besitzen Carolin Spanier-Gillot und Hans
Oliver Spanier rund 15 Hektar, wo sie rein ökologisch 90.000 Flaschen im Jahr produzieren. Für ihre Arbeit stauben sie reihenweise
Preise ab: beste Kollektion, Winzer des Jahres und mehr. Sie stu-
dierte Weinbau. Er stammt aus dem Weingut Battenfeld-Spanier in
Hohen-Sülzen, 40 Kilometer entfernt. Eine durch Heirat besiegel-
te Fusion zweier Weingüter, die Früchte trägt. Carolin Gillot-Spa-
nier sagt über sich, dass sie neben zweifacher Mutter, Önologin,
Naturmensch und Geschäftsfrau am liebsten Gastgeberin sei. Um
das zu leben, hat sie einen eigenen Veranstaltungsbereich kreiert.
Bei ihr kann man für eine private Feier zwischen Gewölbekeller,
Barrique-Raum, Vinothek, Lounge und Garten wählen. In Letzterem stehen jahrhundertealte, teilweise exotische Bäume auf einem
gepflegten Rasen. Passend zur Villa des Weingutes erhebt sich ein
kleiner Jugendstilpavillon auf der Wiese der Parkanlage. Auch für
die innovative Architektur in Kombination mit dem Garten gab es
eine Auszeichnung.

Hier lädt die Gastgeberin zu Straußwirtschaftstagen und Verkostungen ein, stellt Starköche an den Herd, arbeitet mit namhaf-
ten Winzerkollegen, Sommeliers und Weinbars zusammen und hat
dafür sogar eine eigene Marke geschaffen: »LiquidLife«. Diese Ge-
nuss-Wochenenden mit Gästen sind ungezwungen, »ohne Chichi
und Goldrand«, aber immer herzlich und immer mit Spaß am Wein.
Und an allen anderen Tagen nimmt man einfach ein Glas in der
Vinothek. Kein Jux.

Adresse Oelmühlstraße 25, 55294 Bodenheim, Tel. 06135/2333, www.kuehling-gillot.de |
ÖPNV vom Bahnhof Bodenheim circa 400 Meter zu Fuß | **Anfahrt** A 60, Abfahrt
Weisenau / Laubenheim, B 9, dann L 431 über Laubenheim nach Bodenheim, über Mainzer
Straße zur Oelmühlstraße | **Öffnungszeiten** Weingut: Mo – Fr 9 – 12 Uhr, 14 – 17 Uhr,
Sa 10 – 14 Uhr | **Tipp** Ebenfalls in Bodenheim betreibt Familie Kirch ein Weingut, eine
typische, einfache Straußwirtschaft von Mai bis September und die »Weinstube Kapellen-
hof« von Oktober bis April. Rundum versorgt.

80 Das Proviantamt

Gegen Korkgeld gibt's jede Flasche

Passender könnte ein Name kaum sein. In der Vinothek des Mainzer »Proviantamts« findet man alles, was man für ein ordentliches Picknick benötigt: eine riesige Auswahl an rheinhessischen Weinen von über 150 Weingütern zwischen Bingen, Mainz und Worms plus phantasievolle Speisen. Mein Liebling ist das »Trio vom Wutzeworschtepralinche«, aber es gibt auch saisonal wechselnde Kreationen und Klassiker wie den in Rheinhessen erfundenen Spundekäs oder den von der hessischen Rheinseite stammenden Handkäs. Den Bau mitten in der Stadt kann man nicht übersehen. Das 1867 fertiggestellte Lagergebäude mit wuchtigen Sandsteinquadertürmen an jeder Ecke strahlt mit seinen Ziegelsteinmauern den Charme der Gründerzeit aus. Vor 15 Jahren entstanden hier heiß begehrte Eigentumswohnungen, dazu ein Fastnachtsmuseum, das in Mainz natürlich nicht fehlen darf.

Weine kann man zum Essen wahlweise im schön restaurierten Innenhof oder in den verschiedenen Themenzimmern des historischen »Proviant-Magazins« genießen. Die einzelnen Räume nennen sich hier Schänke, Wirtschaft, Altmünsterkeller und Wirtschaftsgarten. Neben dem Restaurant mit seiner gutbürgerlichen Küche nebst Weinkarte und Mainzer Aktienbier beherbergt das Gebäude die »Rheinhessenvinothek«. Auch dort gibt es mit Vinothek und Weinbar eine räumliche Unterteilung. Die vorhandenen alten Gewölbe bilden einen passenden Rahmen, Holz und Eisen unterstreichen die Weinkeller-Atmosphäre. Der vor ein paar Jahren noch stiefmütterlich sein Dasein fristende Rheinhessenwein blüht hier auf. Vom Gutsschoppen bis zum Großen Gewächs erlebt man die neue Frische der international anerkannten Rheinhessen-Weinwelt. Angeboten werden Weine zahlreicher Weingüter, die man flaschenweise mitnehmen oder auch vor Ort innerhalb der historischen Mauern oder auf den Gartenstühlen davor gegen ein Korkgeld von zehn Euro trinken kann.

Adresse Schillerstraße 11a, 55116 Mainz, Tel. 06131/9061638, www.rheinhessen-vinothek-mainz.de | **ÖPNV** Straßenbahn 50, 51 und 52, Haltestelle Münsterplatz oder Schillerplatz, von dort jeweils 200 Meter zu Fuß; ab Hauptbahnhof Mainz rund 500 Meter zu Fuß | **Anfahrt** Parkhaus Schillerplatz direkt neben dem Proviantamt | **Öffnungszeiten** Vinothek: Di–Sa 11–23 Uhr, Restaurant: Di–Fr 15–23 Uhr, Sa 11–23 Uhr | **Tipp** Nicht nur wegen seiner Küche ist das Mainzer Restaurant »Kupferberg Terrassen« einen Besuch wert. Unter dem Gasthaus führen die Keller der ehemaligen Sektkellerei »Kupferberg« sieben Stockwerke tief in den Hang. An manchen Samstagen kann man dieses Bauwunder besichtigen.

81 Die Rheinhessenvinothek

Der Blick ins größte deutsche Anbaugebiet

Wie lernt man ein Weinanbaugebiet kennen? Man geht auf Reisen. Goethe ist wohl einer der berühmtesten Reisenden früherer Zeiten, wobei ihn Städte und Landschaften ohne Weinbau kaum interessierten. Oft war er viele Monate unterwegs. Zeit, die wir uns heute eher nicht mehr nehmen. Also zu den Schnellverfahren: In diversen Online-Vinotheken kauft man sich Weinpakete mit einer Auswahl einer Region, einer Rebsorte oder einer Geschmacksrichtung. Paket aufmachen, Freunde einladen, verkosten, fertig. Wer dagegen mehr Beratung und Auswahl, möglichst in stimmungsvoller Atmosphäre, haben möchte, besucht am besten eine der sogenannten Gebietsvinotheken. Deutschlands größtes Weinanbaugebiet Rheinhessen hat eine solche eingerichtet. Mitten in der welligen Landschaft mit den vielen Windrädern, in Alzey. Hier gibt es die Weine von 50 rheinhessischen Winzern von A wie Achenbach bis Z wie Zahn zum Probieren und Kaufen. Schade, dass viele der großen und bekannten Güter nicht dabei sind.

Man sollte sich Zeit lassen und sich von dem Fachpersonal durch die schlicht, aber hübsch eingerichtete »Weinlounge und Weingalerie« mit beleuchteten Weinregalen und Präsentationswänden führen lassen. Sitzplätze gibt es reichlich, an Tischen, auf der Bank, an der Bar oder vor dem 1698 erbauten Fachwerkhaus mitten in der historischen Altstadt von Alzey im Freien. Das Besondere der Gebietsvinothek ist das Speisenangebot, das dem einer typischen regionalen Straußwirtschaft ähnelt. Spundekäs mit Brezel, Käsewürfel, Wurstsalat, Flammkuchen, Schmalzbrote oder die Rheinhessische Munkelplatte sind preiswerte Ergänzungen zur Wein- und Sektauswahl. Zum Nachtisch empfehle ich den süßen Apfelflammkuchen und danach nicht unbedingt den Kauf eines der gefundenen Lieblingsweine, sondern die Weiterreise in die Weingüter, aus denen die Favoriten stammen. Ob man dort noch mehr Weine in einer gutseigenen Vinothek verkosten kann, erfährt man in der Rheinhessenvinothek.

"Es gibt mehr alte Weintrinker als alte Ärzte!!" (unbekannt)

"Der Wein steigt in das Gehirn, macht es sinnig, schnell und erfinderisch, voll von feurigen und schönen Bildern." (William Shakespeare)

Adresse Rossmarkt 4, 55232 Alzey, Tel. 06731/9479410, www.rhh-vinothek-alzey.de | ÖPNV vom Hauptbahnhof Alzey rund 500 Meter über Antoniterstraße zu Fuß; Bus 421, Haltestelle Obermarkt, von dort rund 200 Meter zu Fuß | **Anfahrt** Parkplatz Obermarkt, von dort etwa 200 Meter zu Fuß | **Öffnungszeiten** Mo, Di, Do 15–22 Uhr, Fr 15–23 Uhr, Sa 10–23 Uhr, So 17–22 Uhr | **Tipp** Eine schöne Vinothek hat auch die Stadt Alzey in ihrem eigenen Weingut in der Schlossgasse 14, gut 100 Meter von der Rheinhessen-vinothek entfernt, eingerichtet.

82 Die Wagners

Drei Brüder, Spannung pur

Wein ist eine spannende Sache. »Für manche Topweinlage müsste man morden«, hat mir eine Winzerin im Rahmen einer Weinprobe einmal verraten. Mord und Totschlag gibt es bei Andreas Wagner in und rund um sein Weingut und den fast tausend Jahre alten Weinort Essenheim. Der Winzer hat vor ein paar Jahren sein Talent zum Schreiben entdeckt und produziert mittlerweile nicht nur erstklassige Weine, die sich Gold- und Silbermünzen verdient haben, sondern veröffentlicht auch Kriminalromane. Die ersten erschienen im kleinen regionalen Leinpfad-Verlag, mittlerweile ist er auch Autor der großen Verlage Piper und Emons. Nun reist er mit seinen Weinen und Büchern quer durchs Land zu Lesungen mit Verkostung.

Im Weingut Wagner dreht sich alles um »Wein und Kultur«. Die Familie lädt zum Hoftheater ein und veranstaltet Open-Air-Kino-Abende sowie Konzerte, sei es Kammermusik, Klassik oder Jazz. Der Winzer liest aus seinen Krimis und wandert mit seinen Lesern zu den Tatorten seiner fiktiven Verbrechen, natürlich mit einem gefüllten Glas in der Hand. »Normale« Weinproben ohne Täter, Opfer und Nervenkitzel gibt es täglich. Bei der Gelegenheit trifft man nicht nur den schriftstellernden Winzer, sondern vielleicht auch seine beiden jüngeren Brüder Ulrich und Christian, der in einem kleinen Kochbuch die Lieblingsrezepte des Weingutes verrät. Beim Weintrinken bei Wagners muss man ein wenig aufpassen, dass man vor lauter Spannung, Kultur und leckerem Essen nicht vergisst, was gerade im Glas ist. Dabei können sich Silvaner, Weiß- und Grauburgunder, Riesling, Chardonnay, Scheurebe und Müller-Thurgau in Weiß sowie Dornfelder, Portugieser oder Spätburgunder in Rot rheinhessenweit sehen lassen. Bereits 1692 begannen die Wagners mit dem Weinbau. Heute bringt es die Familie auf 18 Mitglieder aus drei Generationen: drei Brüder mit ihren Frauen, zehn Kindern und den Großeltern. Eine spannende Familie rund um den Wein.

Adresse Hauptstraße 30, 55270 Essenheim, Tel. 06136/87438, www.wagner-wein.de | ÖPNV
Bus 75, 650 von Mainz und Ingelheim, Haltestelle Rathaus, von dort rund 200 Meter zu
Fuß | **Anfahrt** A 63 bis Abfahrt Nieder-Olm, 4 Kilometer bis Essenheim, im Ort rechts in
die Hauptstraße | **Öffnungszeiten** Mo–Sa 8–20 Uhr, So 13–18 Uhr | **Tipp** Essenheims
Topwinzer sind Stefan und Christian Braunewell. Am Römerberg feiern sie herrliche Hof-
feste, die Sicht vom Weingut ist atemberaubend und die Vinothek täglich geöffnet.

83 Das Weincafé

Die Weinpioniere Flonheims

Eigentlich ist das Klostereck ein Teil der Marktfleckenmauer gewesen. Heute erinnern nur spätromanische Architekturfragmente in der Nähe des Landhotels an diese Zeit. Eigentlich sind schon das Weingut der netten Familie Strubel-Roos und die dazugehörige kleine Vinothek mit den wunderbaren Weinen einen Besuch wert. Eigentlich muss man auch Vater Karl Rainer und Sohn Frederik nennen, denn die beiden Winzer ergänzen sich vortrefflich. Und eigentlich darf man auch das moderne Landhotel der Familie nicht vergessen, in dessen hellen und freundlich eingerichteten Zimmern man herrlich Urlaub machen kann.

Doch eigentlich hat die Tochter der Familie, Veronika, nach ihrem Studium zur Hotel- und Gastronomie-Managerin die beste Idee gehabt. Einen Frühstücksraum für die Hotelgäste gab es ja ohnehin schon. Warum also nicht darin das eine mit dem anderen verbinden? Weine ausschenken und dazu selbst gebackene Kuchen anbieten? Da die Region bereits mit Gutsschänken und Weinrestaurants gut bestückt ist, hat sie ein neues Konzept entwickelt und sorgt nun am Wochenende gemeinsam mit ihrem Personal für Abwechslung. Rund 20 verschiedene Kreationen vom traditionellen Kuchenklassiker bis zur selbst erfundenen Torte schmecken nicht nur vortrefflich, sondern auch überraschend gut zu den Weinen von Papa und Bruder. Natürlich darf man statt Sekt oder Wein auch – ganz traditionell – Kaffee, Tee und Kakao trinken. Und wenn einem dann doch mal der Sinn nach etwas Herzhaftem steht, bestellt man sich einen salzigen Flammkuchen. Das alles gibt es auch draußen an der historischen Klostermauer, bei entsprechendem Wetter, versteht sich. Veronika Roos ist Pionierin, genau wie ihre Großeltern, die 1969 als Erste in Flonheim eine Weinprobierstube errichteten. Doch eigentlich war Probst Werenbold der wahre Pionier, denn er begann bereits 1181 mit dem Weinbau in Flonheim. Und würde sich sicherlich auch über ein Stück Kuchen freuen.

Adresse Klostereck 7, 55237 Flonheim, Tel. 06734/6129, www.strubel-roos.de | **ÖPNV**
Bus 446, Haltestelle Flonheim Marktplatz, von dort rund 200 Meter zu Fuß | **Anfahrt** A 61,
Abfahrt Bornheim, über Mainzer und Bornheimer Landstraße, Alzeyer Straße zum Markt-
platz und durch die Wassergasse zum Klostereck | **Öffnungszeiten** Sa, So und Feiertage
14 – 18 Uhr | **Tipp** Ein kleiner Brunnen steht vor dem Klosterhof im historischen und
denkmalgeschützten Ortskern von Flonheim. Auch hier gibt es in der Vinothek die Weine
des Weingutes Klosterhof. Einschenken lassen und am »Brunnen vor dem Tore« genießen.

84 Die Weinrast
Grenzüberschreitender Weitblick

So etwas gibt es in der Stadt nicht. Auf einfachen Holzbänken nimmt man auf der Anhöhe des Aegidiusparkes Platz. Alte Bäume spenden Schatten, und eine rostbraune Stele verrät, wo man ist: »Weinrast Mölsheim«. Eine kleine Steinmauer bildet die einzige Barriere zwischen den Weingenießern und der Ferne. Die Blicke schweifen über kleine Weindörfer und unendliche Rebenlandschaften bis nach Wachenheim, zum Wormser Dom und in die Rheinebene. An guten Tagen zeigen sich am Horizont die Höhenzüge des Odenwaldes, man schaut bis tief in die Pfalz.

Vor einigen Jahren als Experiment ins Leben gerufen, machen nun hier nicht nur Wanderer Rast, auch Einheimische treffen sich an der Grenze von Rheinhessen zur Pfalz. Am besten kommt man zu Fuß. Zum Beispiel über den insgesamt 35 Kilometer langen Zellertalwanderweg, der über Höhen und durch das Tal der Pfrimm führt. Das Besondere: Die ausschenkenden Winzer stammen aus Rheinhessen und aus der benachbarten Pfalz. Ein erfolgreiches Projekt zweier Anbaugebiete. Das Zellertal ist der gemeinsame Nenner, liegen doch dessen Weinberge in beiden Regionen.

Wenn an Sonn- und Feiertagen der kleine Weinpavillon hier oben seine Luken öffnet, wird es besonders voll. Abwechselnd schenken Mölsheimer, Wachenheimer und andere rheinhessische und Pfälzer Weingüter aus. Zum Wein gibt es jeweils Snacks aus der Region, oder man verzehrt seine mitgebrachte Brotzeit.

Die Menschen des Tals haben das Potenzial der Region erkannt und den Verein »Zellertal aktiv« gegründet. Hier wird nicht nur dem Zellertaler Wein gehuldigt, man kümmert sich auch um Übernachtungsmöglichkeiten und die Gastronomie, Vereine, Hofläden, Gewerbetreibende, Wanderer, Radfahrer und den öffentlichen Nahverkehr. Man hält zusammen im Zellertal. Und das zieht auch die Städter an, die vom Donnersberg kommend zurück in die Großstädte im Rhein-Main- oder Rhein-Neckar-Gebiet fahren.

Adresse Hauptstraße 52, 67591 Mölsheim (Navi-Adresse), von dort keine 100 Meter zu Fuß | **ÖPNV** Zellertalbahn bis Wachenheim, Bus 921 von Monsheim, Haltestelle Mölsheim Brunnenstraße | **Anfahrt** A 61, Abfahrt Monsheim, B 47 über Monsheim ins Zellertal | **Öffnungszeiten** ganzjährig zugänglich, Ausschank April–Okt. So und Feiertage ab 11 Uhr | **Tipp** Beim »Klöter« im Zellertal gibt's ein halbes Hähnchen im Teig, der Klassiker, und dazu Klöters Bester mild, feinherb oder trocken. Von der Terrasse ist der Ausblick fast genauso schön wie von der Weinrast aus.

85 Die Weinzeit

Ein Genussgesamtkunstwerk

Es war im Jahr 2008, als sich Bingen am Rhein auf eines der schönsten Events freute: die Landesgartenschau. Mehrere Jahre nahmen die Planungen in Anspruch. Denn man wollte Blumen, Pflanzen und Gartenanlagen nicht nur kurzfristig zur Schau stellen, sondern das Stadtbild nachhaltig verändern. Die Verantwortlichen nahmen ihre Aufgabe ernst und nutzten die Chance, das bis dato wenig ansehnliche Hafen- und Bahnareal zu einem attraktiven Park- und Freizeitgelände umzugestalten.

Jetzt strahlt der Streifen am Rhein von einer Spiellandschaft am Bahnhof mit Blick auf den Mäuseturm, ins Nahetal und Richtung Loreley im Mittelrheintal bis zur Rheinfähre nach Rüdesheim, vor der eine moderne Wohnanlage entstand. Dazwischen liegt die nach einer früheren, zerstörten Rheinbrücke benannte Hindenburganlage mit der Bingener Vinothek »Weinzeit«. Ich kann mir kaum einen besseren Standort vorstellen. Denn ob draußen oder drinnen sitzend, immer schaut man auf die Rheingauer Weinlandschaft mit Niederwalddenkmal und -tempel. Dazwischen der Rhein, der an dieser breiten Stelle langsam vorbeifließt. Ausflugsschiffe und Lastkähne, kleine Sportboote und Segelyachten kann man beobachten.

Die sympathischen Gastgeber Maike und Steffen Bischof haben mit der »Weinzeit« ihr »GenussGesamtKunstWerk« erschaffen. Sie hat eine bewegte Weingutsvergangenheit hinter sich, er ist Grafikdesigner, der auch Etiketten gestaltet, und zusammen bewirtschaften sie sogar drei Hektar Weinberge. Die vielfältigen Lebensläufe werden bei Kunstausstellungen, Kulturveranstaltungen, leckeren, frischen saisonal-kreativen Gerichten und natürlich vielen Weinen von Winzern aus Rheinhessen, der Nahe, dem Rheingau und vom Mittelrhein jeweils eingesetzt. Mein Favorit unter den Events? Der »Blaue Donnerstag«, ein Überraschungsabend mit einem Winzer und seinen Weinen.

Adresse Hindenburganlage 2, 55411 Bingen am Rhein, Tel. 06721/309892, www.weinzeit-bingen.de | **ÖPNV** Regionalzüge ab Mainz, Koblenz und Bad Kreuznach bis Bahnhof Stadt Bingen, von dort 200 Meter zu Fuß | **Anfahrt** A 60, Abfahrt Bingen-Ost, weiter Richtung Fähre Bingen-Rüdesheim, kurz davor in die Hafenstraße biegen bis Hindenburganlage | **Öffnungszeiten** Mai–Sept. Di–So ab 11 Uhr, Okt.–April Mi–Fr ab 16 Uhr, Sa und So ab 11 Uhr | **Tipp** Nebenan werden im ehemaligen Zollamt Steaks und Burger gegrillt und dazu – überraschend – zahlreiche Weine bester Winzer aus den benachbarten Weinregionen glas- oder flaschenweise eingeschenkt.

86__Die Winzeralm

Schönste Weinsicht

Ortswechsel. Alpen. Achensee in Tirol. Jörg Zimmermann war vor ein paar Jahren dort, wanderte mit Freunden von Alm zu Alm. Zurück in der rheinhessischen Heimat, stand die Weinlese an. Bei einem kurzen Durchschnaufen in den Rebzeilen auf einer Anhöhe oberhalb von Siefersheim genoss der Weinmacher das Panorama und wünschte sich – in Erinnerung an seinen Urlaub – eine kleine Alm. Gedacht, getan. Eine Theke aus Steinen wurde gebaut, dazu massive Holzbänke und -tische aufgestellt, die nun Wanderer zur Rast auf dem »Hiwweltour Heideblick« einladen. Mittlerweile kommen die Weingenießer gezielt und verzichten nicht selten auf die Wanderung davor oder danach. Zwei Kilometer muss man vom Weingut Zimmermann allerdings in jedem Fall den Hang des »Goldenen Horns« hinauf, denn Autos sind hier oben nicht erwünscht. Wer auf 271 Metern ankommt, wird belohnt. Die Aussicht ist bei schönem Wetter atemberaubend. Im Osten liegt der lang gezogene Soonwald. Im Norden kann man bis zu den Taunushöhen schauen und davor den Rheingau mit seinen Schlössern erahnen. Im Westen sieht man den Odenwald, und nach Süden wandert der Blick bis zum Donnersberg in der Pfalz. Ringsherum Weinberge satt. Zimmermann nennt ihn seinen Lieblingsplatz in Rheinhessen und findet sicherlich viel Zustimmung. Dem Deutschen Weininstitut waren seine Mühen eine Auszeichnung und eine Stele mit der Aufschrift »Schönste Weinsicht 2016« wert.

Ausgeschenkt wird, wenn die Fahne weht. Diese hissen die Zimmermänner an den Wochenenden zwischen Mai und Oktober an dem hölzernen Mast. Dann gibt es Riesling und Traubensaft, Butterbrezeln und Mettwurst. Nur wenn es zu heiß oder zu nass ist, bleibt der Ausschank zu. Wem die Weine schmecken, der läuft hinab zum Weingut und probiert sich durch das gesamte Portfolio. Dort wartet Fabian Zimmermann, während der Öffnungszeiten der Alm, in der Vinothek im Bruchsteingewölbe in Siefersheim.

Adresse Winzeralm: Mühlweg, 55599 Siefersheim; Vinothek: Backhausgasse 3, 55599 Siefersheim, Tel. 06703/960320, www.weingut-zimmermann.de | **ÖPNV** Bus 226, Haltestelle Siefersheim Ortsmitte, von dort 1,8 Kilometer zu Fuß | **Anfahrt** A 61, Abfahrt Gau-Bickelheim, B 420 nach Wöllstein und weiter nach Siefersheim, Anfahrt über Am Gänsborn zum Gemeindeparkplatz, von dort 2 Kilometer zu Fuß | **Öffnungszeiten** Winzeralm: Mai – Okt. Sa und So 13 – 18 Uhr; Vinothek: Mo – Fr 18 – 19 Uhr, Sa 13 – 18 Uhr, So 10 – 12 Uhr | **Tipp** Der Brudersberg am Niersteiner »Roten Hang« wurde bereits 2012 mit der »Schönsten Weinsicht« ausgezeichnet. Hier gibt es hervorragende Rieslinge, manchmal finden unter dem Namen »Wein am Berg« auch Veranstaltungen statt.

87__Der Steinmeister

Wie man sein Herzinfarktrisiko reduziert

»Auf die Plätze, fertig, los.« Einmal im Jahr treten in einem besonderen Weingut an der Saale Rennschnecken gegeneinander an. Die Gäste erwerben ihre rasenden, äh, schleichenden Favoriten, wetten für einen guten Zweck und feuern die Tierchen an. Professor Maria Wartenberg und Professor Heinrich Sauer sind die Veranstalter dieses kuriosen Wettstreits. Die beiden sind nur am Wochenende in ihrem Weingut, gehen ansonsten in Jena und Gießen arbeiten. Dort beschäftigen sie sich mit der Stammzellenforschung. Sie kennen das vom Schaf Dolly, das als erstes Tier mit erwachsenen Stammzellen geklont wurde. Und was haben wir im Glas zu erwarten, wenn zwei Stammzellenforscher sich im Weinbau engagieren? Keine Sorge, keine geklonten Rebsorten. Die beiden hegen eine große Leidenschaft für die »Piwis« (pilzresistente Rebsorten) Johanniter, Solaris, Muscaris, Souvignier gris und Regent mit dem Ziel, perspektivisch auf Pflanzenschutz verzichten zu können.

Professor Sauer ist außerdem überzeugt, dass der Genuss von Wein das Herzinfarktrisiko um bis zu 40 Prozent senkt. Die restlichen 60 Prozent versucht er mit seinen Forschungen zu reduzieren. Wein und Stammzellen gegen Herzinfarkt? Das klingt nach einem guten Plan. Darum trinken die beiden Wissenschaftler selbst, natürlich in Maßen, verkaufen ihre »Piwis« sowie Riesling, Weiß-, Grau- und Spätburgunder, Gewürztraminer, Gutedel, Portugieser, Müller-Thurgau und Silvaner aus den historischen Terrassen-Steillagen Steinmeister und Freyburger Schweigenberge und schenken am Wochenende in der eigenen Straußwirtschaft höchstpersönlich aus.

Die Familie Wartenberg begann 1952, Wein anzubauen, und mit Tochter Elisabeth, die in Geisenheim Weinbau und Önologie studiert, steht die nächste Generation bereits in den Startlöchern. Stammzellen werden dann nicht mehr erforscht, dafür aber Weine, und das Schneckenrennen behält sie bestimmt bei.

Adresse Weingut Professor Wartenberg und Gutsausschank »Der Steinmeister«, Weinbau Professor Sauer, Weinberge 75, 06618 Naumburg/Saale, Tel. 03445/204661, www.weingut-steinmeister.de | **ÖPNV** ab Hauptbahnhof Naumburg/Saale rund 3 Kilometer zu Fuß, ab Bahnhof Naumburg-Roßbach rund 1,5 Kilometer Spaziergang über die Weinstraße zu den Weinbergen | **Anfahrt** B 180 bis Abfahrt Roßbach, dann 1,5 Kilometer die Weinstraße entlang | **Öffnungszeiten** Weingut: Mo–Fr ab 18 Uhr; Straußwirtschaft: Sa und So 12–20 Uhr | **Tipp** 300 Meter weiter gibt's im Weingut Hey erstklassige Weine, regionale und mediterrane Speisen bei kulinarischen Abenden und in der Straußwirtschaft, außerdem Lesungen, Musikevents und Sommertheater. Der studierte Weinmacher Matthias Hey gehört zu den großen Talenten an der Saale.

88_ Die Weinbar am Wenzel

Outdoor-Genuss mit Tapas

Die evangelische Stadtkirche St. Wenzel ist das Wahrzeichen von Naumburg. Der 1426 fertiggestellte spätgotische Bau im Zentrum der Stadt hat ein barockes Innenleben und eine berühmte Orgel. Neben dem Gotteshaus ist der Topfmarkt, ein mit kleinen Kieseln bedeckter Fleck mit einer guten Handvoll Bäume, der bis vor ein paar Jahren nur ab und zu für Feste oder einen kleinen Weihnachtsmarkt Verwendung fand. Dann kam die Saale-Unstrut-Event-Gesellschaft auf die Idee, gleich gegenüber in einem denkmalgeschützten Wohn- und Geschäftshaus eine Weinbar zu eröffnen.

Vor dem Zweiten Weltkrieg baute hier der Winzer Moritz Eckart seine Weine im Gewölbekeller in Holzfässern aus und nutzte die heutige Weinbar als Ausschank. Danach wurde es still, bis Jörg Sachse mit seinem Team die Vergangenheit wiederbelebte. Die Idee: Spaß haben mit Weinen und Leckereien aus der eigenen Heimat. Drinnen sitzt man an kleinen Holztischen, die bei Bedarf zusammengeschoben werden. Draußen wird an zwei Tischen rechts und links vom Eingang eingeschenkt und aufgetischt. Das Beste gibt es auf dem lange Zeit verwaisten Topfmarkt: hölzerne Stehtische, dazu viele Barhocker, im Sommer eine Couch und Sessel, im Winter Feuerschalen, Feuersäulen sowie kleine Lagerfeuer auf den Tischen. Lounge-Atmosphäre wie am Strand von Ibiza. Alles wirkt geschmackvoll, ohne Schnickschnack, aber mit viel Liebe zum Detail. Die Weine kommen von den Saale-Unstrut-Winzern Pawis, Gussek, Steinmeister und vom Landesweingut des Klosters Pforta, dem Thüringer Weingut Bad Sulza und der Winzervereinigung Freyburg. Alle um die Ecke, und so fällt es den Barbetreibern leicht, die passenden Weine für ihre Stammkundschaft auszuwählen. Dazu gibt es Schinken- und Käsevariationen, Avocados und die schon legendären Tapas. Manchmal kommt ein Musiker oder ein DJ vorbei, und ein Double des gebürtigen Dresdners Matthias Sammer war auch schon da.

Adresse Topfmarkt 11, 06618 Naumburg, Tel. 03445/7912545, www.weinbar-am-wenzel.de | **ÖPNV** Stadtbus 102, Haltestelle Markt, von dort gut 100 Meter zu Fuß; Straßenbahn 4, Haltestelle Theaterplatz, von dort rund 400 Meter zu Fuß | **Anfahrt** wenige Parkplätze rund um St. Wenzel, am besten auf der Vogelwiese parken und 500 Meter laufen | **Öffnungszeiten** Do – Sa 17 – 22 Uhr | **Tipp** Der Winzerhof Gussek liegt von Häusern umringt am Stadtrand, macht die vielleicht besten Weine im Anbaugebiet Saale-Unstrut und öffnet täglich seinen Hofverkauf.

89   Die WeinGalerie
Keineswegs brotlos

Gudrun Bertling-Lützkendorf studierte Kunstgeschichte und Geschichte. Die Suche nach einem Job, am liebsten in ihrer Heimat Freyburg, gestaltete sich schwierig. Keine großen Museen, Galerien oder Kunstschulen in der Nähe. Immerhin besaß die Familie einen Weinberg. Also reifte die Überlegung, ihre Affinität zur Kunst mit dem hier Gegebenen zu verbinden. Sie schmiedete Pläne für ein eigenes Projekt, fand Unterstützung bei ihrem Mann Sven und dessen Großcousin Uwe Lützkendorf, der das VDP-Weingut gleichen Namens in Bad Kössen leitet.

Eine Verbindung von Kunst und Wein sollte es also werden, eine Weingalerie ist es geworden. 2008 erfüllte sich ihr Traum. Die »WeinGalerie Schweigenberg« startete mit einer Ausstellung des Malers Walter Weiße, der ihr mit seinem Netzwerk fortan die Türen zu anderen Künstlern öffnete. Die zeigen ihre Gemälde, Aquarelle, Zeichnungen und Fotografien nun in der technisch-rationalen Schaltwarte des ehemaligen Wasserwerkes. Während der Öffnungszeiten gibt es die Weine vom Familienbesitz am Schweigenberg und kulinarische Köstlichkeiten – mal deftig, mal süß: Zwiebelkuchen, Speckkuchen, Pflaumenkuchen und Apfelkuchen nach hauseigenen Rezepten von Köchin Beate Schaaf. Und weil die Kunst bislang für das tägliche Brot nicht genügend einbringt, backt Bertling-Lützkendorf ihr Brot selbst, veranstaltet Brotback-Events und verkauft auch die eigenen Weine, die nicht in der Galerie direkt verkostet werden.

Die auf Muschelkalk gewachsenen Weißburgunder, Riesling und Spätburgunder mit mineralischer Note schmecken am besten mitten in Freyburgs Traditions-Weinberg. Im Schweigenberg stehen auf 30 Hektar Terrassenweinbergen rund 100 traditionelle Weinbergshäuschen, die ältesten aus dem 16. Jahrhundert. Spätestens hier verbinden sich Natur, Wein und die Kunst zu einem ganzheitlichen Genuss.

Adresse WeinGalerie im Schweigenberg, Schweigenberge 2, 06632 Freyburg,
Tel. 034464/28914, www.weingalerie-schweigenberg.de | ÖPNV Regionalbahnen bis
Bahnhof Freyburg, von dort rund 1,4 Kilometer zu Fuß | Anfahrt B 176, bis Freyburg, über
die Unstrutbrücke und gleich links bis zum Ziel, Parkplatz gegenüber | Öffnungszeiten
WeinGalerie und Straußwirtschaft April–Okt. Fr–So 11–20 Uhr | Tipp Weniger Kunst,
aber viel mehr Weine – alle aus der obersten VDP-Kategorie »Große Lage« – gibt es im
Wein- und Gutsausschank des Weingutes Lützkendorf in Bad Kösen bei Naumburg
(Mo–Fr 14–18 Uhr, Sa–So 11–18 Uhr).

90__Der Zahn

Weinerlebnis an der Saale

Der winzige Ort Kaatschen, der gut 100 Seelen zählt, schmiegt sich an eine kleine Biegung der Saale. Hinter dem Dorf steigt die Landschaft sanft an. Über eine alte Treppe gelangt man in die Weinberge, hier und dort von alten Bäumen geschützt. Ein Teil der Lage gehört zum Weingut Zahn. Der Weinküfer-Meister André Zahn ist Inhaber & Kellermeister. Schwester Elvira ist studierte Wein-Betriebswirtin. Mit ihrem Mann Torsten General leitet sie das Restaurant, organisiert die vielen Veranstaltungen des Weingutes und erzählt gern Geschichten. Wie die von Jenny Meinhardt, der ehemaligen Weinkönigin von Saale-Unstrut. Ihr Krönungswein ist ein Kernling vom Weingut Zahn. Auf dem Etikett lächelt ein Porträt von ihr. Kernling, eine erst 1974 entdeckte Mutation der bekannten Rebsorte Kerner, ist selten und etwas Besonderes. Diese Geschichte ist es, die diesen Wein zu einem besonderen macht.

André Zahn und seine Familie haben das Prinzip des emotionalen Weingenusses verstanden. Wein funktioniert am besten mit ihn begleitenden Geschichten, mit Gefühlen und mit Wohlsein. Zahns Weine erzählen Geschichten rund um das Weingut, und mit Wein werden neue, selbst erlebte Geschichten geschrieben. Zum Beispiel im Kaatschener Dachsberg, so heißt die Ortslage. Täglich wird hier aus Picknickkörben, einmal im Jahr an einer langen weiß gedeckten Tafel mit Livemusik Wein genossen. Oder direkt am Ufer der Saale hinter einem von Reben umrankten Geländer mit anschließender Floßfahrt im Mondschein. An normalen Tagen gibt es im Weingutsrestaurant Wild, Fisch, Fleisch und Flammkuchen. Jeden Freitag werden Forellen gegrillt. Die Weine des Hauses spiegeln die Thüringer Bandbreite wider: Grüner Silvaner, Müller-Thurgau, Bacchus, Kerner, Weiß- und Grauburgunder, außerdem Exoten wie Zweigelt, Acolon und Kernling. Und zum Abschluss kann man sich ein mit Muscaris-Eiswein gefülltes Schnapsgläschen gönnen.

Adresse Weinbergstraße 16, 99518 Großheringen-Kaatschen, Tel. 034466/20356, www.weingut-zahn.de | **ÖPNV** Bus 285, Haltestelle Kaatschen-Weichau, von dort rund 400 Meter zu Fuß | **Anfahrt** B 87 von Naumburg/Saale, in Bad Kösen links Richtung Großheringen, dort wieder links bis Abfahrt Weichau | **Öffnungszeiten** Febr. Fr und Sa 11–22, So 11–18 Uhr, März–Dez. Mi–So 11–22 Uhr, Jan. geschlossen | **Tipp** Ein Erlebnis ist auch der Besuch des Herzoglichen Weinbergs in der Mühlstraße 23 in Freyburg, am besten im Rahmen einer Führung (www.herzoglicher-weinberg.de).

91 Das Elements
Regionales mit Weitläufigkeit

Die vier Elemente Feuer (im Ofen), Wasser (zum Kochen), Luft (zum Atmen) und Erde (für pflanzliche Lebensmittel) inspirierten den Gastgeber und Koch Stephan Mießner zu seinem gastronomischen Volltreffer abseits der Dresdner Innenstadt. Seine feine Küchenkunst hat er bei großen Meistern in Südafrika, Spanien, Südtirol, in der Schweiz und im Inland erlernt und in der Heimat in seinem ersten eigenen Laden vollendet. Er nennt es »Regionale Hochküche mit Weitläufigkeit« und versucht erst gar nicht den Eindruck zu erwecken, dass hier nur regional, nur biologisch, nur vegetarisch oder sonst wie eingeschränkt gekocht wird. Mießner benötigt kreativen Raum und lässt sich bewusst in kein Raster pressen. Ein Ort für alle und jeden soll es sein. Und hier findet auch jeder seinen Platz, wenn nicht gerade eine geschlossene Gesellschaft alles belegt. Es gibt ein Gourmetrestaurant, das wechselnde Menüs serviert. In einem größeren Raum mit langer Bar ist auch der pure Genuss eines Feierabendweinchens nicht verpönt. Draußen speist und trinkt man in der Sonne, drinnen lädt eine Zigarren-Lounge dazu ein, den Abend zu beschließen.

Man ist hier in der Topgastronomie Sachsens angekommen und dennoch ganz entspannt unterwegs. Das spürt man vor allem im dazugehörigen Bistro »Deli«, ein Name, der für delikat, für Vergnügen und Freude steht. Hier stehen bunt zusammengewürfelt Gartenstühle, Klappstühle, Holzstühle, Designerstücke an den Tischen. Im nur am Abend geöffneten Feinschmeckerrestaurant sitzt man in Ledersesseln, isst mit 15 Kochmützen gewürdigte Kreationen und bekommt etwas Passendes von der großen Weinkarte, die viele sächsische Weingüter aufführt, aber auch Angebote aus der restlichen Weinwelt parat hält. Sommelier Christian Tischer beweist hier seine Kenntnisse und überrascht auch mit eher weniger bekannten Weinmachern, die man aber mal getrunken haben sollte.

190

Adresse Königsbrücker Straße 96, Haus 25–26, 01099 Dresden, Tel. 0351/2721696, www.restaurant-elements.de | **ÖPNV** Straßenbahn 7 und 8, Haltestelle Heeresbäckerei, von dort keine 100 Meter zu Fuß | **Anfahrt** reichlich Parkplätze auf dem Gelände vorhanden | **Öffnungszeiten** Deli und Lounge Mo–Sa 11–23 Uhr, Restaurant 17–23 Uhr | **Tipp** Im Sternerestaurant »Caroussel« und im Bistro des Hotels »Bülow Palais« in der Königstraße 14 stellt Sommelière Jana Schellenberg die erwähnenswerte Weinkarte zusammen. Und eine Zigarren-Lounge gibt es auch dort.

92 Die gemischte Bude

Nicht viel mehr als ein Hektar

Die sächsischen Weinlagen sind steil, richtig steil, fast alle. Nur durch das Anlegen von Terrassen ist der Weinbau hier überhaupt möglich. Das macht es schwer für den Winzer, geht nur mit Handarbeit und dauert und dauert und dauert. En wenig neidisch schauen sie auf andere Regionen, in denen mit Traktoren gearbeitet wird oder sogar Lesemaschinen den Alltag des Weinmachers erleichtern. Als kleiner Betrieb schafft man es hier nur, eine kleine Fläche zu bewirtschaften. Für die Eigenvermarktung sind die geringen Erträge kaum geeignet, und so braucht es Kreativität auf dem Weg zum Weingenießer. Fünf Winzer und eine Vinothek haben dies erkannt, sich locker zusammengeschlossen und kurzerhand die »Gemischte Bude« gegründet. Kastler Friedland, Stefan Bönsch, Frédéric Fourré, Andreas Kretschko und Haus Steinbach heißen die Winzer. Letzteres vermarktet seine Weine übrigens überwiegend bei Hochzeiten, die auf dem Hof vor dem einzigen eigenen Weinberg stattfinden.

»Wir waren vom ständigen Konkurrenz- und Ellbogendenken ermüdet«, erklärt Weinhändler Mathias Gräfe, der mit seiner Vinothek »Gräfes Wein & fein« die zentrale Anlaufstelle für die Winzer und Weinkunden ist. Rund fünf Hektar bringen die kleinen Weingüter zusammen, die Qualität bleibt dennoch nicht auf der Strecke, und mit den Ideen von Gräfe läuft es gut. In der Vinothek im Ortskern von Radebeul kann man die Weine verkosten und sie mit den anderen Flaschen namhafterer Kollegen aus ganz Deutschland und dem Rest der Weinwelt vergleichen. Im »Wein & fein« gibt es dazu Suppen, Meißner Schinken, Käse vom Hof, Pasta und auch mal Chili con Carne vom Hirsch. Weine und ausgesuchte Lebensmittel kann man auch käuflich erwerben. Spannend wird es bei diversen Veranstaltungen, Weinabenden, Kochkursen, beim Pastatag oder Weinproben, die der weit gereiste Gräfe mal mit, mal ohne seine »Gemischte Bude« anbietet.

Adresse Hauptstraße 19, 01445 Radebeul, Tel. 0351/8365540, www.gemischte-bude.de |
ÖPNV S 1 bis Radebeul Bahnhof, von dort rund 250 Meter zu Fuß; Straßenbahn 4,
Haltestelle Hauptstraße, von dort 150 Meter zu Fuß | **Anfahrt** vom Bahnhof Radebeul
durch die als Einbahnstraße angelegte Hauptstraße, Parkplätze am Straßenrand direkt vor
der Vinothek | **Öffnungszeiten** Vinothek der Gemischten Bude »Gräfes Wein & fein«
Mo–Fr 10–18.30 Uhr, Sa 9–14 Uhr | **Tipp** Im Radebeuler Restaurant »Atelier Sanssouci«
im Hotel »Villa Sorgenfrei« ist die Weinkarte bemerkenswert und das Essen dazu deliziös.
Insider behaupten, dass man hier noch besser aufgehoben ist als im ebenfalls von Koch und
Gastronom Stefan Hermann betriebenen »Bean & Beluga« in Dresden. Ausprobieren.

93 Die Königsbrennerei
Augustus Rex lässt grüßen

König August der Starke war ein Lebemann, ein Genießer und ein Macher. Er prägte Dresden wie kein Zweiter, der Dresdner Zwinger, das Taschenbergpalais, Jagdschloss Moritzburg und Schloss Pillnitz zeugen von seiner Zeit Anfang des 18. Jahrhunderts. Er förderte Kunst und Architektur und feierte mit seinen zahlreichen Mätressen rauschende Feste. Von diesem Lebensstil gezeichnet, verstarb er 1733.

Knapp drei Jahrhunderte später gründeten die Eheleute Elke und Georg W. Schenk die »Erste Dresdner Spezialitätenbrennerei« mit dem Namen »Augustus Rex« als Verbeugung vor dem Genussmenschen. Schenk berichtet, dass der König auch den Obstanbau in Sachsen unterstützte. Schenks lieben und leben Obst. Sie entdeckten in den Seitentälern der Elbe zahlreiche nicht bewirtschaftete Streuobstwiesen, dabei sogar den für ausgestorben gehaltenen »Böhmischen Rosenapfel«, erwarben ein Haus auf einem ehemaligen Weinberg und begannen 2001 mit der Montage der liebevoll »Dicke Berta« genannten Destille im ehemaligen Weinkeller.

Die Herstellung unterliegt einem strengen Qualitätsprozess. Vollreife Früchte werden handselektiert, von Faulstellen befreit, gewaschen, zerkleinert und in große Tanks gepumpt. Nach der Maischezeit wird destilliert, vierfach schonend gebrannt, um die intensiven Aromen zu erhalten. Danach geht es für bis zu drei Jahre Reifezeit in Edelstahlfässer.

Neben der Verarbeitung haben es sich die Dresdner Pioniere zum Ziel gesetzt, die heimische Obstlandschaft zu bewahren, und pflegen historische Sorten wie den Bischofshut, Danziger Kantapfel, Clairgeaus Butterbirne oder Pillnitzer Mirabelle. Natürlich kommen auch Trauben in die Brennerei. So entstehen die sortenreinen Traubenbrände Gewürztraminer, Gutedel, Riesling und Weißburgunder.

Zum Ende wird es wieder aristokratisch, denn Ende 2018 tritt Nils Prinz von Sachsen Herzog zu Sachsen das Erbe der Schenks an – ganz in ihrem Sinne.

Adresse Klotzscher Hauptstraße 24, 01109 Dresden, Tel. 0351/8808989, www.augustus-rex.com | **ÖPNV** Straßenbahn 8, Haltestelle Am Hellerrand, von dort rund 500 Meter am Wasserturm vorbei zu Fuß | **Anfahrt** A 4, Abfahrt Dresden-Flughafen in Richtung Zentrum, über Kieler und Greifswalder Straße bis Klotzscher Hauptstraße, Parkplätze vor der Brennerei | **Öffnungszeiten** Mo–Fr 8–17 Uhr | **Tipp** In der mehrfach ausgezeichneten Dresdner Bar »Görlitzer Platz« trinkt man unten Weine aus Sachsen und der Welt und oben Spirits und Cocktails an der Bar.

94__Die Lorenz-Besen
Feine Weine mit französischem Akzent

Zwischen Pirna und Meißen gibt es viele Besenwirtschaften, die meisten in Radebeul. Eine herauszupicken ist schwer, hat doch jede ihre eigenen Vorzüge. Im »Winzerhof Rößler« sitzt man vor dem hübschen Hofladen, bei Holger Schurig unter einem Rebendach, und die Straußwirtschaft »Ballbergaussicht« trägt einen ihrer Vorzüge bereits im Namen. Mein Favorit ist nicht viel mehr als ein Schrebergarten mit einem kleinen, rechteckigen Steinhäuschen darin. Die Lage zwischen dem Radebeuler Bismarckturm und dem Spitzhaus, mit einem Blick auf Radebeul vor der Nase und Dresden und das Elbtal im Hintergrund, ist genial. Man sitzt auf Klappstühlen an Klapptischen, knabbert an Salzstangen, kaut an einem Schmalzbrot, das hier Fettbemme heißt, oder genießt einen Zwiebelkuchen. Die Lorenz-Brüder besitzen Weinberge vor Ort, die mittlerweile ein Franzose bewirtschaftet, der daraus ganz hervorragende Weine produziert.

Frederic Fourré war Sommelier in Paris, seine damalige Frau Tänzerin. Sie bekam ein Engagement an der Dresdner Semperoper, er folgte ihr und stellte die Weinkarte im Dresdner »Hotel Kempinski« zusammen. Nur probieren wurde ihm zu langweilig, deshalb begann er kleine Weinbergflächen zu bestellen und bei befreundeten Weingütern auszubauen. Aus Hobby wurde Berufung. Unterstützung bekommt er von seiner Lebensgefährtin, der Geisenheim-Absolventin Amri Niessen. Sein früherer Job hilft ihm bei der Zusammenstellung ungewöhnlicher Cuvées. In seinem Kopf, auf seinem virtuellen Gaumen, entstehen Ideen, erst dann beginnt er mit der reinen Handarbeit. In die Flaschen kommen dann große, unique Weine wie ein »Mix aus Fabeltieren«, der »Chimäre de Saxe« oder »Tu le mérites« (Du hast es verdient) aus Grauburgunder, Spätburgunder, Riesling und Scheurebe. Der grauhaarige Zopfträger ist mit seinen Weinen im Gespräch, die man hoch über seinen Weinbergen im »Goldenen Wagen« verkosten kann.

Adresse Spitzhausstraße 36 (neben dem Spitzhaus), 01445 Radebeul, Tel. 0351/8960073 oder 0174/4956398 | **ÖPNV** Bus 72, Straßenbahn 4, Haltestelle Radebeul Landesbühnen, von hier 1,5 Kilometer zu Fuß bergauf; Schmalspur-Dampfzug von Radebeul zum Lößnitz-grund, ab dort 2 Kilometer auf ebener Strecke zu Fuß bis zum Spitzhaus | **Anfahrt** A 4, Abfahrt Dresden-Wilder Mann, über Dresdner Straße bis Wahnsdorf, dort links in die Spitzhausstraße | **Öffnungszeiten** April – Nov. Fr ab 16 Uhr, Sa und So ab 12 Uhr | **Tipp** Im Restaurant »Spitzhaus« genießt man auf der Sommerterrasse oder hinter Panoramafenstern die gleiche Aussicht und bekommt zum Wein Sächsischen Sauerbraten, Maishähnchenbrust oder Lammhaxe.

95__ Der Müller im Schloss
Weine aus dem Pferdestall

Prinz Albrecht von Preußen, Sohn von König Friedrich Wilhelm III. und Bruder von Kaiser Wilhelm I., wohnte auf Schloss Albrechtsberg und starb nach vielen Kriegseinsätzen mit 63 Jahren. Sein Sohn Wilhelm übernahm und musste das malerisch über Dresden liegende Anwesen schon bald wegen seiner Spielschulden verkaufen. Die Stadt Dresden ist bis heute der Besitzer des für große Empfänge und Hochzeiten genutzten Schlosses. Einst stand hier ein Landhaus, das schon 1821 zu einem der beliebtesten Ausflugslokale Dresdens zählte. Außer bei Führungen und Konzerten kommt man heute nicht mehr ins Schloss. Im Kavaliershaus gleich nebenan tut sich jedoch einiges.

Im ehemaligen Pferdestall betreibt Lutz Müller nach vielen Lehr- und Wanderjahren in Franken, an der Mosel, in Baden und Kalifornien sein erstes eigenes Weingut. Zuvor brachte er seine Trauben ins Weingut Schloss Proschwitz. Bei Sachsens Wein-Primus Martin Schwarz hat er dort genau hingeschaut und macht nun seine Weine selbst. Die Weinlagen sind einem Schloss würdig: Pillnitzer königlicher Weinberg und als Monopollage allein im Besitz die Dresdener Elbhänge. Oberhalb davon werden die Ergebnisse des »Elbhangwinzers« bei Weinproben im historischen Gewölbekeller und in der Straußwirtschaft ausgeschenkt. Von der Terrasse blickt man durch die Bäume über die Elbe nach Dresden und genießt Traminer, Scheurebe oder Riesling. Und wenn die Terrasse voll ist, dann nimmt man sich ein Glas und setzt sich auf die angrenzende Wiese. Probieren muss man auch die Spezialität des Hauses, Flammkuchen in allen Variationen: vegetarisch, klassisch, mit Fisch, Serranoschinken oder Hähnchenbrust, frisch aus dem Holzbackofen hinter der Außentheke. Sind das die Besten der Stadt, wie mir jemand vom Nachbartisch zuflüstert? Unwiderstehlich lecker sind sie auf jeden Fall. Und wenn es kalt wird, wärmt das Müller-Team mit Glühwein, Chili und Suppen.

Adresse Bautzner Straße 130, 01099 Dresden, Tel. 0351/3289217, www.winzerlutzmueller.de |
ÖPNV Straßenbahn 11 ab Hauptbahnhof, Haltestelle Elbschlösser | **Anfahrt** die B 6 von
Dresden oder Bautzen führt direkt zum Schloss, Parkplätze vorhanden | **Öffnungszeiten**
März–Nov. So und Feiertage 11–19 Uhr, April–Sept. auch Sa 11–19 Uhr | **Tipp** Nicht
weit vom Schloss im Dresdner Stadtteil Loschwitz findet man die kleinste Weinbar »ever«.
Im »Kleine Freuden« gibt's tapasähnliche Happen und eine interessante Weinauswahl, alles
auch aus dem Regal zum Mitnehmen.

96__Der Schuh
Geschwisterliebe zum Probieren

Der Vater wollte nicht mehr, die Kinder waren eigentlich noch nicht bereit, aber dann ging alles ganz schnell. Katharina und Matthias Schuh übernahmen 2016 das elterliche Weingut, und Sohn und Tochter sprangen ins kalte Wasser. Das kam zwar alles recht plötzlich, aber zwei Jahre später bekommt man in einem Gespräch in der gemütlichen Vinothek den Eindruck, als hätte Matthias Schuh nie etwas anderes gemacht. Immerhin hatte er bereits reichlich Erfahrungen gesammelt, eine Lehre im Winzerhof Burrlein in Franken abgeschlossen und danach in Neuseeland und in Bordeaux gearbeitet. Sogar den Titel »Nachwuchswinzer des Jahres Europas« hatte er bereits beim »European Wine Championship« erhalten. Noch schnell den Weinbautechniker abgeschlossen und nun den Auftrag, »Weine ohne Wenn und Aber« zu kreieren. Schwester Katharina Pollmer, geborene Schuh, hält dem Weinmachertalent den Rücken frei, sorgt für Verkauf und Buchhaltung. Mutter Martina Schuh leitet das zum Weingut gehörende Restaurant, serviert die kulinarischen Schätze der Region und schenkt übrigens nicht nur Schuh-Weine, sondern auch Weine anderer Weingüter aus.

Schuh-Weine gehören zum Besten, was Sachsen zu bieten hat. Erfrischend einfach ist die Kollektion zusammengestellt: Es gibt zum Einstieg den »Weißen Schuh«, den »Roten Schuh« und den »Rosa Schuh«, der auch jeweils das Etikett ziert. Abseits der üblichen Pyramiden und anderer Qualitätsstufen geht es mit klaren Rebsortenweinen wie Goldriesling, Weißburgunder, Grauburgunder, Regent oder Dornelder weiter und schließt bei den Hand-&-Herz-Weinen wie einem Grauburgunder Orange aus der Monopollage Klausenberg, der 20 Tage Maischegärung und zwölf Monate Holzfass hinter sich hat. Naurbelassen und unfiltriert und damit passend zum alten Bauernhof in Meißen, in dem die Geschwister Schuh das Familienweingut, das einst an der Mosel begann, noch viele Jahre betreiben werden.

Adresse Dresdner Straße 314, 01640 Sörnewitz, Tel. 03523/84810, www.weingut-schuh.de |
ÖPNV Bus 401, 402, 411, Haltestelle Gasthaus Sörnewitz | **Anfahrt** liegt direkt an der
Durchgangsstraße, Parkplätze rund um das Weingut am Straßenrand und im Hof der
Vinothek | **Öffnungszeiten** Restaurant: Do und Fr ab 18 Uhr, Sa ab 11 Uhr, So 11–16 Uhr,
April–Okt. auch Mo ab 18 Uhr, Vinothek: Di–Fr 11–18 Uhr, Sa 11–16 Uhr | **Tipp** Eine
typisch sächsische Besenwirtschaft findet man 500 Meter entfernt im Boselweg. »Zum
Winzerschoppen« öffnet in der warmen Jahreszeit montags, dienstags und freitags von
14 bis 19 Uhr und am Wochenende von 11 bis 19 Uhr. Weinlehrpfad inklusive.

97__Die Weinbergstraße

Weingüter, DREI HERREN und die Kunst

Die Radebeuler Weinbergstraße könnte die Weinstraße Deutschlands sein, wenn es in der Pfalz nicht schon eine gäbe. Zugegeben: Die Pfälzer Ausgabe misst rund 85 Kilometer, die in Radebeul, der »Stadt der 250 Millionäre«, gerade mal ein paar hundert Meter. Dennoch ist die Dichte an Weingütern und Gutsschänken außergewöhnlich. Wer mit dem Bus kommt, kann hier von Haus zu Haus Wein für Wein genießen. Wem das noch nicht genug ist, beginnt im Weinkeller »Goldener Wagen« oder im »Hoflößnitz«, in dem auch ein kleines Weinbaumuseum untergebracht ist.

Man startet im Weinrestaurant des Weingutes Karl Friedrich Aust, spaziert danach zum Weingut Grosse mit Sitzplätzen im Garten und im kleinen Weinkeller. Weiter geht es in eine kleine Seitengasse zum Retzschgut mit Weinen von Thomas Seifert. Der krönende Abschluss der kleinen Tour ist die jüngste der Weinquellen, das von Kunsthistoriker Professor Rainer Beck 2004 gegründete Weingut »DREI HERREN«. Mit viel Sinn für die historische Bausubstanz saniert und das Anwesen mit einer eigenen Kunstsammlung geschmückt. Auch in den Weinbergen ist viel passiert. Rund um die »Steinerne Schnecke« auf dem Hermannsberg wurden rund 1.000 Quadratmeter Trockenmauern instand gesetzt, neue Reben auf die Terrassen gepflanzt und Flächen dazuerworben. Zwei der traditionsreichsten Weinberge Sachsens, der Hermannsberg in der Radebeuler Lage Goldener Wagen und der Sörnewitzer Taubenheimer Berg, gehören heute zum Gut. Dort entstehen Weine durch »kontrolliertes Nichtstun«, ohne Schönung. Aufmerksam und geduldig soll der gärende Traubensaft in seinem naturbelassenen Zustand begleitet werden. Das Ergebnis wurde mehrfach preisgekrönt und kann in der geschmackvollen Vinothek inmitten der zeitgenössischen Kunst verkostet werden. In der Weinstube gibt es dazu eine saisonale und regionale Küche mit Zutaten von ausgesuchten Produzenten.

Adresse Weingut DREI HERREN, Weinbergstraße 34, 01445 Radebeul, Tel. 0351/7956099, www.weingutdreiherren.de | **ÖPNV** Bus 72, Haltestelle Gutenbergstraße oder Nizzastraße, von dort rund 500 Meter zu Fuß bis zur Weinbergstraße | **Anfahrt** wenige Parkplätze vor den Weingütern, besser in den darunterliegenden Parallelstraßen parken | **Öffnungszeiten** Vinothek: Mo–Mi 10–16 Uhr, Do–Sa 14–20 Uhr, So 11–20 Uhr; Weinstube: Do–Sa 14–20 Uhr, So 11–20 Uhr | **Tipp** Vom Weingut führt ein Weinwanderweg durch die Steillage des Hermannsberges hinauf zur »Steinernen Schnecke«. Unterwegs laden in Szene gesetzte Skulpturen und Plastiken zum Verweilen und Staunen ein.

98__ Die Weinkönigin
Das Gesicht des sächsischen Weins

Katharina Lai war Sächsische Weinkönigin. Da kommt man rum, lernt Winzer, andere Majestätinnen und die ganze Weinbranche kennen. Auch abseits des Königinnen-Daseins zeigte sich die waschechte Sächsin neugierig, bereiste mit dem Rucksack die Weinwelt von Australien bis Chile, lebte in Berlin und arbeitete als Wanderführerin, Eventmanagerin und in der Gastronomie. Zurück in der Heimat, nutzte sie ihr geballtes Know-how für eine Weinerlebniswelt sondergleichen. Sie kaufte einen alten DDR-Bus, ließ ihn restaurieren, machte einen Busführerschein und veranstaltete Rundfahrten für Gäste von Weingut zu Weingut an der Elbe entlang. Die als »Weingeflüster« inzwischen legendären Touren sind so begehrt wie einzigartig.

Der nächste Schritt sollte eine »Homebase« werden. Der Weg dorthin führt von der Elbe über Felder und schmale Landstraßen ins bäuerliche Hinterland, zum Barockschloss Seußlitz. Vor Ort ein Bild des Zerfalls. Von dem einstigen Prunk sind nur noch Erinnerungen geblieben. Ein kleiner Naturlehrgarten scheint in Schuss, der Seußlitzer Schlossweinberg darüber ist es ganz sicher. Vor dem alten Pferdestall steht auf einem Schild: »Weinreich – die kleine Weinwirtschaft am Schloss«. Und hier kommt dann auch der Glanz des Hauses zurück. Katharina Lai vereint hier Vinothek, Weinbistro und -lounge. Weine aus Sachsen, ergänzt durch die Präsentationsweine der deutschen Gebietsweinköniginnen, werden zwischen den 1640 errichteten Sandsteinsäulen im Laden verkostet und verkauft. An hellen Holztischen sitzt man in der geschmackvollen Vinothek, die ab und an als Weinbistro Gästescharen anzieht. Dann wird gekocht, und das echt lecker. Im Winter wärmt ein Feuer im Kamin, im Sommer lockt die Lounge auf der Terrasse. Und wenn es gefällt, bleibt man länger und mietet sich eine Ferienwohnung oder ein Ferienhaus – na klar, bei Katharina und ihrem Mann Enrico.

Adresse An der Weinstraße 7, 01612 Diesbar-Seußlitz, Tel. 0172/7927193, www.weinreich-seusslitz.de | **ÖPNV** Bus 407 ab Meißen, Haltestelle Diesbar-Seußlitz-Schloss | **Anfahrt** B 6 bis Meißen, über Diera und Nieschütz nach Diesbar-Seußlitz, Schloss am Ortsausgang, Parkplätze vorhanden | **Öffnungszeiten** zu allen Veranstaltungen und wenn jemand da ist | **Tipp** Fahren Sie doch mal mit der Personenfähre auf die andere Elbseite nach Niederlommatzsch zur »Elbklause«.

99__Der Weinladen
Einer für Einheimische, einer für Touristen

Den besten Einstieg in ein Weinanbaugebiet bekommt man in einer Gebietsvinothek. Diese werden häufig von Winzergemeinschaften und Genossenschaften betrieben. Hier und da verpasst man jedoch durch die selektive Auswahl an Weingütern die wahre Größe einer Region. Nicht so bei Claudia Beyer, einer waschechten Sächsin. Wein war schon immer ihre Passion. Erst in einer Weingaststätte, dann als Angestellte bei den Nachfolgern der Gründerfamilie Hoffmann und seit 2014 nun als Chefin im Weinladen. Der hat jüngst eine Zweigstelle erhalten. Der eine Laden ist oben in der Burgstraße, der andere unten in der Elbstraße, denn dorthin verirren sich Touristen nur selten, und bis oben schaffen es die Einheimischen oft nicht. Wie einfach Wein für sie ist, sieht man unter »Wissenswertes« auf der Webseite. Da werden nur zwei Begriffe erklärt: Weißwein und Rotwein. Schmecken muss er halt.

Es gibt nur sächsische Weine. Doch die Vielfalt der Rebsorten und der Winzer weiß sie zu schätzen und in kleinen Weinproben oder bei Themenabenden höchstpersönlich zu präsentieren. Sie besucht jede Jahrgangsverkostung ihrer Lieferanten, jeder kennt sie und versucht mit guten Konditionen, ihr den Verkauf zu erleichtern. Das reicht nicht ganz, und so muss der Kunde ein wenig mehr bezahlen als im Weingut, aber eben nur »ein wenig«. Dafür kann man über 80 Weine vor Ort probieren und sich so seinen Lieblingswein erschmecken. Der urige Weinladen in der Burgstraße war früher einmal ein Korbgeschäft. Die hingen an Haken von der Decke im Hinterzimmer. Dort werden heute die Weinproben mit Gruppen durchgeführt, an den Haken hängen nun Handtaschen und immer noch ein paar Körbe. »Etwas für die Frauen.« Die Taschen, Bilder, Figuren, ein paar Bücher, reichlich Deko im Landhausstil und eine Hauskatze machen den Weinladen gemütlich. Und im Sommer schaut man von dem kleinen Garten hinunter auf die Elbe und hinüber zur Albrechtsburg.

Adresse Burgstraße 18 und Elbstraße 11, 01662 Meißen, Tel. 0172/3750933, www.vinothek-meissen.de | **ÖPNV** Burgstraße: Bus E, Haltestelle Café Zieger; Elbstraße: alle Buslinien, Haltestelle Altstadtbrücke | **Anfahrt** großer Parkplatz am Sägewerk an der Elbe, von dort 150 Meter zur Elbstraße 11, 500 Meter zur Burgstraße 18 | **Öffnungszeiten** Burgstraße: Mo–Sa 11–19 Uhr, So 13–19 Uhr; Elbstraße: Mo–Do 11.30–20 Uhr, Fr–Sa 14–20 Uhr, So 13–20 Uhr | **Tipp** Die sehenswerte, mit alten Dachbalken und Bruchsteinen gestaltete Vinothek »Rothes Gut« der Weinkellerei Tim Strasser in der Lehmbergstraße 4 befindet sich in einem Backhaus aus dem Jahr 1526. Von 11 bis 16 Uhr ist immer jemand da, und schmecken tut es auch.

100__ Die Wein-Projekt-Bar
»Urban Winebar« in der Kleinstadt

Man nehme Weine von einer bekannten Weinvertriebsfirma, eine kleine Weinbar namens »Weinpinte« mitten in einer aufstrebenden Großstadt und einen weingastronomisch interessierten Praktikanten und gibt ihr oder ihm für drei Monate die Verantwortung in die Hand. Heraus kommt ein quartalsweise immer wieder neues, mal schräges, kreatives, mal gewöhnliches oder ungewöhnliches Weinbarkonzept, das fast immer überrascht und mal mehr, aber auch mal weniger ankommt. Für die Praktikanten ist es eine wunderbare Chance, sich risikoarm auszuprobieren. Man springt ins kalte Wasser, und das Publikum spendet Applaus oder übt Kritik. Direkter geht es nicht.

Die Idee zu dieser Projekt-Bar hatten Sommelier Silvio Nitzsche und der Weinimporteur Schlumberger aus Meckenheim. Eine Schmiede für Sommeliers und Weinbarbetreiber soll es sein. Weinbars sind im Trend, mehr Weinbars im Land gewünscht. Das kostet Geduld – und Geld. Die Macher sprechen vom »härtesten Praktikum Deutschlands«. Dabei setzt sich der Praktikant erst einmal in ein gemachtes Nest. Weinbar, komplette Einrichtung, eine Küche und sogar ein Pensionszimmer werden gestellt. Unterstützung gibt es von Silvio Nitzsches erfolgreichem Weinbarteam. Man muss nur eines sein: Gastgeber.

Und die bisherigen Gastgeber hätten unterschiedlicher kaum sein können. Der eine setzt vor allem auf Rot-, die Nächste auf Weißweine. Mal strikt national, mal überwiegend international. Mal nur belegte Brote, mal kleine Menüs. Einmal gab es nur Sherry zu trinken, fast immer werden die Wände mit Kunst bestückt. Der eine hatte internationale Erfahrung, eine andere vor allem Ahnung von Kunst. Jeder startet mit einer eigenen Idee, und dann wird gefeilt oder auch mal alles komplett über Bord geworfen. Der Weingenuss ist gesichert, da die Getränke aus einem 1.200 Produkte umfassenden Katalog der gehobenen Kategorie kommen müssen. Dann nehmen Sie mal Platz.

Adresse Bischofsweg 17, 01099 Dresden, Tel. 0351/21968100 | **ÖPNV** Straßenbahn 7, 8, Bus 326, Haltestelle Bischofsweg | **Anfahrt** Parkplätze am Straßenrand | **Öffnungszeiten** je nach Praktikant unterschiedlich, mindestens 35 Stunden wöchentlich geöffnet, aktuelle Zeiten auf Facebook | **Tipp** Gut sechs Kilometer von der Wein-Projekt-Bar entfernt betreibt Silvio Nitzsche seine eigene Weinbar, die Wein-Kultur-Bar im Dresdner Stadtteil Striesen. Hier gibt es Spitzenweine und Spitzenkäse und selten freie Plätze.

101 Die Weinzentrale

Lieber volle Gläser als leere Parolen

Die Welt der Weine und ihre Protagonisten können abgehoben wirken. Die besten Weine und Winzer werden mit erstklassigen Köchen und ihren mehrgängigen Menüs verbunden. Einfach mal einen Schoppen genießen und vielleicht ein paar Käsewürfel dazu? Schwierig, das findet man häufig nur bei den kleineren, weniger preisgekrönten Kollegen. Die Frage, wie man die besten und durchaus auch preislich abgehobenen Weine mal so eben, in ungezwungener Atmosphäre verkosten kann, beantwortet Sommelier Jens Pietzonka mit seiner »Weinzentrale« in der Dresdner Neustadt.

Er kennt die Welt der Weine, war »Sommelier des Jahres« und als solcher in den besten Weingütern und Restaurants zu Gast. Daher weiß er, dass große Weine oft einen großen Rahmen bekommen und auch die Geldbörse meistens groß in Anspruch genommen wird. Um auch die besten Weine für den Alltag tauglich zu machen, hat er Veranstaltungskonzepte entwickelt, die ihresgleichen suchen – »ohne Chichi und Chuchu«. Er schuf eine »VDP-Ecke« mit dem Besten, was der Verband der Prädikatsweingüter zu bieten hat. Dort kann man regelmäßig »Pyramide trinken«, angelehnt an die Qualitätspyramide des Verbandes, vom Orts- über Gutswein bis zu Ersten Lagen und Großen Gewächsen. Er lädt zum »grosseweinetrinken«-Abend, zum »Ich-kann-alles-glasweise-trinken-Montag« oder – ganz unpolitisch – zum »Lieber volle Gläser als leere Parolen-Montag«. Legendär ist bereits der »Restesaufen-Freitag« ab 22 Uhr. Ab und an kommt ein bekannter Winzer in die »Weinzentrale«, spaziert von Tisch zu Tisch und erläutert, was er sich bei dem einen oder anderen Tropfen gedacht hat, den die Gäste gerade verkosten. »Wir erfinden die Weinwelt nicht neu, wir wollen sie besser machen, greifbarer, entspannt, locker und statusfrei«, gibt sich Pietzonka ganz unprätentiös und serviert persönlich ein Krustenbrot mit sächsischer Landbutter. In Verbindung mit einem der großen Weine kann man da schon einmal abheben.

Adresse Hoyerswerdaer Straße 26, 01099 Dresden, Tel. 0351/89966747, www.weinzentrale.com | **ÖPNV** Straßenbahn 6, 13, Haltestelle Bautzner/Rothenburger Straße, von dort keine 100 Meter zu Fuß | **Anfahrt** Parkplatz in der Melanchthon-straße 3 und Stellplätze in den Seitenstraßen | **Öffnungszeiten** Mo–Fr ab 17 Uhr | **Tipp** 800 Meter weiter gibt es in der Alaunstraße 49 »Wein und Zigarren«. Sieht von außen wie ein besserer Kiosk aus, von innen wie ein Tante-Emma-Laden. Im Hinterzimmer, der »Gut Stubb«, kann man Platz nehmen und Weine und Zigarren genießen. Sehr schön.

102 Die sieben Keltern

Die »Weincity« Metzingen

Die Stadt Metzingen definiert sich über ein riesiges Outlet-Zentrum, in dem 80 Marken ihre Waren anbieten. Das Besondere: Die »Outletcity« ist nicht auf der grünen Wiese entstanden, sondern mitten in der Stadt. Den eiligen Einkäufern entgeht dabei, dass hier auch andere Qualitätsprodukte zu finden sind. Mit einem Blick rund um Metzingen sind sie zu sehen, eine herrliche Kulturlandschaft umrahmt die Stadt, voller Weinberge. Diese werden vor allem von den Winzergärtnern aus Metzingen und Neuhausen bearbeitet. Die Genossenschaft sitzt in der Innenstadt, keine zehn Minuten zu Fuß vom Outletparadies entfernt. Hier kann man in der Vinothek die Weine probieren und kaufen. Die Vinothek gehört zu den sieben historischen Keltern auf dem Metzinger Kelterplatz, ein einzigartiges Ensemble. Die nicht selten nur aus einem von Pfeilern gestützten Dach bestehenden Häuser waren früher die Schutzgebäude für Kelterbäume, mit denen die Weintrauben gepresst wurden.

Die in Metzingen wurden erstmals 1281 erwähnt. Ein jüngerer Kelterbaum aus dem Jahr 1655 steht hier noch – das Prunkstück der gesamten Anlage. Die Keltern haben vom »Förderkreis Metzinger Keltern« eine neue Funktion erhalten – ein Paradies für Weingenießer. Im »Weinbaumuseum für alle Sinne« erfährt man in 27 Ausstellungsbereichen Wissenswertes und darf an manchen Stellen auch fühlen, riechen und schmecken. In zwei sogenannten Marktkeltern findet der Wochenmarkt statt. In einer weiteren wurde die Stadtbücherei untergebracht, und ein fünftes Häuschen wird nur für Feste genutzt. In der sechsten Kelter steht Sven Kahlenberg am Herd und bereitet mit kreativer Note seine regionalen Gerichte zu. Klar, dass es dazu auch heimischen Wein gibt. Die siebte Kelter heißt »Wengerterhäusle«, hier werden Weinproben veranstaltet. Vielleicht sollten die Metzinger sich lieber über ihre »Weincity« definieren.

Adresse Sieben-Keltern-Platz, Am Klosterhof 6, 72555 Metzingen, www.weinbaumuseum-metzingen.de | **ÖPNV** Bus 197, Haltestelle Metzingen-Rathaus, von dort gut 200 Meter zu Fuß | **Anfahrt** B 313 bis Metzingen, im Zentrum auf Nürtinger Straße, links in die Schreiberei, mehrere kleine Parkplätze in der Umgebung | **Öffnungszeiten** durchgehend von außen; Vinothek: Mo–Fr 14–18 Uhr, Museum: Fr 17–19 Uhr, Sa 11–14 Uhr, So 14–17 Uhr | **Tipp** Wer jetzt noch nicht genug vom Wein hat, wandert auf dem Wein-erlebnisweg des Förderkreises durch die Weinberge von Metzigen und Neuhausen.

103 Die Eilguthalle
Oldtimer und Wein

Es geht um Oldtimer, um schöne Autos, die Träume und Erinnerungen wecken. Es geht um die historischen Fahrzeuge, eine Leidenschaft von Christine Buck-Zimmermann und ihrem Mann Florian Zimmermann. Die beiden besitzen eine stattliche Sammlung, nehmen an Rennen und Ausfahrten teil und suchten am Bodensee eine Halle, in der sie die PS-starken Lieblinge unterstellen und ab und an Freunde einladen könnten. Die alte, verrostete Zoll-Ladehalle gefiel ihnen, trotz ihres Zustandes. Das unter Denkmalschutz stehende Nebengebäude der früheren Bahnhofsanlage, in dem auch Lokomotiven parkten, war der Stadt ein Dorn im Auge, Investoren also willkommen. Eine rein private Nutzung war an dem historischen Fleck direkt am Bodensee nicht denkbar, und so stürzten sich die Zimmermänner in die neuen Planungen, engagierten Architekten, Handwerker und Gastronomen.

Das Ergebnis ist eine Event- und Gastronomie-Halle, die ihresgleichen sucht. Zum einen parken die schmucken Autos in zweigeschossigen Eisenbahnwaggons übereinander, zum anderen gibt es hier ein erstklassiges Restaurant, einen neuen Glaspavillon für die uneingeschränkte Aussicht, eine loungige Bar und einen Biergarten mit Strandlounge. Ein bisschen Hamburger-Hafen-Feeling umgibt den Ort. Das Restaurant will mehr als nur Nahrungsaufnahme bieten. Wie im Urlaub. Mobilität und Genuss sind die tragenden Säulen. Autos im Inneren, Bahn- und Schiffsverkehr davor. Die Küche bereitet neben anderen regionalen Gerichten auch solche aus dem »Lindauer Kochbuch von 1890« zu, das fast so alt wie die Halle ist. Die klassischen Speisen werden neu interpretiert, während die Oldtimer, auf Hochglanz poliert, wie neu wirken. Auf der Weinkarte des Restaurants und der benachbarten Brasserie stehen vor allem die besten Bodensee-Winzer mit frischen und jungen Erzeugnissen der hier typischen Rebsorten. Ein perfekter Ort für Oldtimerfreunde und Weingenießer.

Adresse Schützingerweg 2, 88131 Lindau, Tel. 08382/9111229, www.eilguthalle.li | ÖPNV
Hauptbahnhof Lindau, von dort rund 300 Meter zu Fuß Richtung Leuchtturm | **Anfahrt**
A 96, Abfahrt Lindau, über B 12 den Schildern zum Hauptbahnhof folgen, kleiner Bahn-
Parkplatz | **Öffnungszeiten** So–Do 11–23 Uhr, Fr und Sa 11–24 Uhr | **Tipp** Die »Fischerin«
ist seit 1952 eine Institution auf der Insel Lindau, früher »Vesperstüble«, heute Weinstube und
Galerie – und gevespert wird immer noch.

104 Die Kreis-Bar
Von Weinen, Essen und Musik

Dieses Buch soll auch zum Ausdruck bringen, dass der Weingenuss nicht nur von der Arbeit des Winzers, sondern auch von den gesamten Rahmenbedingungen abhängt. Die Weinwelt ist ein Stück weit von Weinschreibern und »Influencern«, wie das neudeutsch heißt, verdorben. Vergibt beispielsweise der Amerikaner Robert Parker eine hohe Punktzahl auf der von ihm erfundenen 100er-Skala, geht ein Wein weg wie warme Semmeln. Wird ein Weinmacher von einem Redakteur als »Winzer des Jahres« bewertet, wird sein Keller schnell leer. Dabei hat das alles mit ihrem individuellen Geschmack wenig zu tun. Diese individuelle Berücksichtigung bestimmt seit vielen Jahren auch das Handeln von Bernd Kreis. Er sucht Weine, abseits und unabhängig von den Meinungsmachern, die Charakter und Eigenständigkeit zeigen – und das ergibt eine riesige Bandbreite.

In Stuttgart hat der einst »beste Sommelier Europas« eine Weinhandlung am Stadtrand gegründet. Von dort aus berät er Restaurants, liefert an Endverbraucher und veranstaltet Weinproben. Im Zentrum, nicht weit vom zentralen Schlossplatz, gibt es das »Kreis 2«. Hier kehrt man zwischen den Einkäufen auf einen Schluck ein oder startet mit zwei in den Abend. Man holt sich Rat, bevor die Freunde zum Essen kommen, und findet aus rund 12.000 Flaschen seinen Lieblingswein. Aber Achtung: Es kann passieren, dass der zu Hause ein klein wenig anders schmeckt, denn die Atmosphäre in der Vinothek ist einzigartig. Zwischen den aus bunten Metallstäben gebauten Regalen steht der Chef oft persönlich am Plattenteller und frönt seinem zweiten Hobby, der Musik. Ob die genauso gut zum Wein passt wie die Gerichte, die er in seinem Buch »Wein und Essen« notiert hat, bleibt Ihrem individuellen Geschmack überlassen. Aber vielleicht verrät Ihnen Bernd Kreis neben dem richtigen Wein auch noch die richtige Vinylscheibe, um dem perfekten Genuss noch etwas näher zu kommen.

Adresse Dorotheenstraße 2 (am Schillerplatz), 70173 Stuttgart, Tel. 0711/2484330, web.wein-kreis.de | **ÖPNV** Bus N 4–N 9, 44, U-Bahn U 5–U 7, U 12, U 15, Haltestelle Schlossplatz, von dort 100 bis 300 Meter zu Fuß | **Anfahrt** A 8, Abfahrt Stuttgart-Möhringen, B 27 (Weinsteige) bis Schlossplatz, über Münzstraße zur Dorotheenstraße, Tiefgarage Schlossplatz nebenan | **Öffnungszeiten** Mo 12–20 Uhr, Di–Sa 10–20 Uhr | **Tipp** Das Kontrastprogramm 500 Meter entfernt: Die traditionelle, rustikale Weinstube »Stetter« in der Rosenstraße serviert seit fast 120 Jahren ebenso typische wie günstige Gerichte zum Wein, den man im Laden teilweise auch zum Winzerpreis kaufen kann.

105__Der Oberhof

Weingenuss mit Bodenseeblick

Anfang des 13. Jahrhunderts erwarben die Zisterzienser des Klosters Salm den Oberhof. Die Mönche kauften Land dazu, um den Weinbau in größerem Stil betreiben zu können. 1802 übernahm die Familie des Markgrafen von Baden das Kloster samt Ländereien. Der Weinbau ging zurück, Weiden und Obstbäume traten an seine Stelle. Es wurde ruhiger rund um den Oberhof. Erst Mitte der 1960er Jahre wurden wieder vermehrt Weinberge angelegt. Rebstock für Rebstock kam hinzu, bis der Oberhof das größte zusammenhängende Rebenmeer am Bodensee um sich vereinte. Mit 135 Hektar Anbaufläche gehört das Weingut Markgraf von Baden zu den größten und auch besten des Landes. Der Birnauer Oberhof ist Anlaufstelle Nummer eins für Weinverkauf und Verkostungen.

Im großen Bier … äh, Weingarten sitzt man auf klassischen Holzgartenstühlen unter Platanen hoch über dem Bodensee. Über die berühmte Birnauer Wallfahrtskirche des ehemaligen Klosters hinweg schaut man in die Ferne bis zu den Schweizer Alpen. Die Weinberge drum herum werden von Wäldern geschützt, und auch auf dem Oberhof geht nur ein laues Lüftchen. Der frühere Kuhstall des Hofes wurde von Grund auf renoviert, in ihm ist nun eine hübsche Weinstube. Zwischen historischem Fachwerk und modernem Interieur trinkt man die Müller-Thurgau-, Riesling- oder Burgunderweine des Markgrafen von Baden, der nicht nur am Bodensee, sondern auch auf Schloss Staufenberg in der Ortenau seine Trauben pflegt. Das Ergebnis spiegelt, laut dem Weinguide »falstaff«, »wie kein anderes Weingut die unterschiedlichen Facetten Badens dramatisch wider«. Die Genussempfehlung lautet: Nehmen Sie Ihr Glas und spazieren Sie über den Hof und in den Weinberg hinter dem Parkplatz. Dort ist man ungestört, hat den Blick für sich allein, und der Wein schmeckt noch mal ein klitzekleines bisschen besser. Dann mit Hunger zurückkehren und Spinatknödel oder geschmorte Rinderbäckchen genießen.

Adresse Oberhof 1, 88690 Uhldingen-Mühlhofen, Tel. 07556/933680, www.birnauer-oberhof.de | **ÖPNV** Seelinie, Bushaltestelle Birnau-Wallfahrtskirche | **Anfahrt** A 81, A 98, B 31 Richtung Friedrichshafen bis Birnau-Oberhof, der Oberhof liegt direkt an der Straße | **Öffnungszeiten** April–Okt. täglich ab 11 Uhr, Nov.–März Fr–Di ab 11.30 Uhr | **Tipp** Waren Sie schon mal auf der Zugspitze? Müssen Sie auch nicht, auf der Sonnenterrasse der Weinstube von Schloss Staufenberg in Durbach, dem zweiten Sitz des Markgrafen von Baden, sieht es ähnlich aus, genießen Sie auch die Aussicht und Weine ebenso, und drinnen sieht es aus wie in einer modernen Skihütte.

106 Das Puppenstüble

Der schwäbische König der Tiere

Drei Löwen zieren das Wappen von Baden-Württemberg. Einer davon könnte der in Uhlbach sein, am Fuße des »Wirtembergs«. Hier wird Württemberg gelebt, Landestypisches auf dem Teller serviert und heimischer Wein eingeschenkt. Der Wirt spricht den Dialekt der Einheimischen wie die Gäste, die sich hier fast alle zu kennen scheinen. Ein Stück schwäbische Heimat, ein Stück Geborgenheit, ein Stück Württemberg.

Die »Weinstube Löwen« ist traditionell und originell. Im Sommer sitzt man draußen in einem kleinen Biergarten an der Ecke des 1690 erbauten Gebäudes. Wenn es dort ungemütlich und zu kalt wird, geht es in die Gaststube, die aus einer anderen Zeit zu stammen scheint. Am ersten Tisch treffe ich den Wirt Herbert Winkle, der hier immer zu sitzen scheint. Zusammen mit seiner Frau Christine lebt er die schwäbische Gastfreundschaft. Es gibt hausgemachte Maultaschen, Kässpätzle und Zwiebelrostbraten, alles andere hätte mich auch enttäuscht. Die Weine kommen direkt aus dem Fass: Trollinger, Riesling, andere Rebsorten aus den Flaschen der Winzer der Nachbarschaft. Im Nachbarraum der Wirtsstube findet man den Prachtraum des »Löwen«: das Puppenstüble. Hier geht man rein, wenn es drüben voll ist. Zum Namen passend steht hier eine ganze Puppensammlung auf den dunklen Holzlehnen der Sitzbänke. Aber auch Krüge und alte Küchengeräte schmücken die museale Kaminstube. Im November gibt's Kultur, natürlich in schwäbischer Mundart. Und wen es dann doch wieder nach draußen zieht, der setzt sich hinter den Oldtimer-Traktor von Herbert Winkle auf den angehängten Planwagen und lässt sich durch die Reblandschaft fahren. Zum Abschluss dieser Touren geht es in den urigen Weinkeller zu einer kleinen Weinprobe mit Vesper. Spätestens dann wird klar, warum die Weinstube nach dem Wappentier benannt ist. Denn auch die liebevolle Moderation der Verkostung hat mit Hochdeutsch nichts zu tun.

Adresse Trollingerstraße 4, 70329 Stuttgart-Uhlbach, Tel. 0711/3260322,
www.weinstube-loewen.de | **ÖPNV** Bus 62 von Stuttgart-Obertürkheim, Haltestelle
Uhlbach, von dort 100 Meter zu Fuß | **Anfahrt** B 10 von Stuttgart bis Otto-Hirsch-Brücke
über dem Neckar, weiter über Asangstraße bis Uhlbacher Platz und Trollingerstraße,
wenige Parkplätze ums Haus | **Öffnungszeiten** Do–Di 11–24 Uhr | **Tipp** Im Nachbarhaus
betreiben die Winkles den »Trollinger Besen«, eine Straußwirtschaft mit einfachen,
schwäbischen Gerichten und Weinen aus der hiesigen Winzergenossenschaft.

107__ Der Schellenturm

Vom Weinlager zur Weinstube

Wenn es ein Buch über schöne Stadtviertel gäbe, dann wäre das Bohnenviertel in Stuttgart dabei. Mitten in der baden-württembergischen Hauptstadt gelegen und doch mit ländlichem Charme, gibt es hier viele Kneipen und Gaststätten, Künstlerwerkstätten, Galerien und Antiquariaten. Hier entspannt der Schwabe schon seit dem 15. Jahrhundert, als das nach den hier früher wachsenden Kletterbohnen benannte Viertel als eines der ersten außerhalb des Stadtkerns entstand.

Die Stadtmauer verlief damals direkt am Bohnenviertel entlang. Von einem Wachturm aus wurde nach dem Rechten geschaut. Der Turm verlor seine Bedeutung, verfiel und wurde unter dem Namen »Schellenturm« 1811 neben der Katharina-Kirche neu gebaut. Seine Grundmauern stehen bis heute, das Innere hat einen Brand im Zweiten Weltkrieg allerdings nicht überstanden. Wo früher Korn und Wein gelagert wurde, wird Letzterer heute getrunken, sowohl drinnen als auch draußen im kleinen Vorhof. In der Weinstube hat man die Wahl zwischen dem fensterlosen Erdgeschoss mit einer rundum laufenden Holzbank und dem lichten Obergeschoss mit Fachwerkbalken, alten Dielen und meinem Lieblingstisch in einer kleinen Nische. Bei der Wein- und Speisenauswahl bleibt sich der Schwabe Rudolf Reutter treu, kühlt nur Weine aus heimischen Weingütern wie Herzog von Württemberg, den Weingärtnern Cleebronn-Güglingen oder Fellbach, von der Bottwartal-Kellerei, dem Weingut des Grafen Neipperg und auch vom badischen Primus Franz Keller. Und natürlich werden dazu hausgemachte Maultaschen serviert, aber auch andere Köstlichkeiten wie Ziegenkäse-Bärlauch-Ravioli, Tatar von der Räucherforelle und die Turmklassiker Schwäbischer Zwiebelrostbraten und Schwabenteller. Es fühlt sich ein bisschen wie früher an, als die Strafgefangenen bei der Arbeit Fußschellen tragen mussten, um sie an der Flucht zu hindern. Flüchten will im »Schellenturm« keiner, aber gefesselt ist man von dem schönen Ambiente ganz bestimmt.

Adresse Weberstraße 72, 70182 Stuttgart, Tel. 0711/2364888, www.weinstube-schellenturm.de | **ÖPNV** Bus 43, U-Bahn U 5 – U 7, U 12, U 15, Haltestelle Olgaeck, von dort 300 Meter zu Fuß | **Anfahrt** wenige Stellplätze an der Straße; Parkhaus Züblin, Lazarettstraße 5, von dort rund 200 Meter zu Fuß | **Öffnungszeiten** Mo – Sa 17 – 24 Uhr | **Tipp** Auf von Tausenden Hosenböden und Ärmeln polierten, hölzernen Bänken und Tischen genießt man, 200 Meter stadteinwärts, in der gemütlichen Weinstube »Zur Kiste« ebenfalls schwäbische Weine.

108__Die Weinbar aus der Zukunft

Die Schmidts vom Bodensee

Was gehört zum perfekten Weingenuss? Nicht viel. In erster Linie mal ein guter Wein. Zum Zweiten etwas für den Hunger, ein frisches Brot genügt. Zum Dritten ein Ort, der die Sinne anregt und dem Auge etwas zum Schauen gibt. Wenn dann noch nette Menschen um dich sind, ist der richtige Moment gekommen, um den Wein zu genießen. Auf dem Weg nach Hattnau, einem kleinen Ortsteil von Wasserburg am Bodensee, ahnt man, dass hier so ein Ort sein könnte. Abseits des Wassers und der vielen Wohnhäuser fährt man auf der schmalen Hattnauer Straße bergauf, mitten durch die Weinberge.

Hier leben und arbeiten die Schmidts. Vater Eugen Schmidt stammt von der Nahe, hat dort mit dem Weinbau begonnen. Seine Frau Margret ist die gute Seele und lockte ihn in ihre Heimat. Die beiden Söhne arbeiten mit, Sebastian als Önologe im Keller, sein Bruder Maximilian vor allem im Vertrieb. Und der Großvater wirkt auch noch mit. Die Schmidts sind die Bilderbuch-Weinfamilie in ihrem kleinen Dorf, bewirtschaften acht Hektar Rebfläche und machen gute, gebietstypische Bodensee-Weine und spannende Cuvées mit Potenzial. Die kann man in der Vinothek oder im Rädle, wie die Straußwirtschaft am Bodensee genannt wird, verkosten. Ländlich, gemütlich schaut's in dem alten Bauernhaus-Stübchen aus. Dazu gibt's täglich frisch gebackenes Holzofenbrot. Was braucht man mehr. Die beiden Söhne lieben seit Kindheitstagen den Duft des frischen Brotes und haben ihn in einem viel bejubelten Destillat mit frischem Quellwasser verewigt. Der »Vollkorn« kommt aus der eigenen Brennerei, dem zweiten Standbein der Familie, die sich noch einen Traum erfüllt hat: den Neubau des Weingutes am Rand des kleinen Wäldchens östlich von Hattnau und eine Weinbar. Das »Pinot« ist ein futuristischer Dreiecksbau. Mehr Kontrast zum 300 Jahre alten Bauernhaus geht nicht. Der perfekte Weingenuss – hier und da mit Brot.

Adresse Hattnau 62, 88142 Wasserburg-Hattnau, Tel. 08382/89072 (Rädle), Tel. 08382/9432174 (Pinot), www.schmidt-am-bodensee.de | **ÖPNV** Bus 21 ab Lindau, Haltestelle Hattnau, von dort zu Fuß 100 Meter zum Rädle, 500 Meter zur Weinbar | **Anfahrt** B 31 von Friedrichshafen oder Lindau, Abfahrt Wasserburg, 2 Kilometer über Hengnau nach Hattnau | **Öffnungszeiten** Rädle: Mitte Jan.–Anfang März Di–Sa 15–23 Uhr, Ende Okt.–Mitte Dez. Di–Sa 15–23 Uhr, Pinot: April–Okt. Mo–Sa ab 14 Uhr | **Tipp** Die kleine, schummrige Bar im »Hotel Torkel« in Nonnenhorn ist keine zwei Kilometer von Schmidts entfernt. Der Barkeeper drückt Ihnen eine erstaunlich umfangreiche Weinkarte in die Hand.

109__Der Wein-Lese-Weg
Auf Schillers Spuren

Berühmte Menschen trinken Wein, das kommt nicht überraschend. Gérard Depardieu vorzugsweise seine eigenen, weil die ihm am besten schmecken. Goethe am liebsten gut und reichlich und Shakespeare, um seine kreative Ader zu stimulieren. »Der Wein steigt in das Gehirn, macht es sinnig, schnell und erfinderisch, voll von feurigen und schönen Bildern«, soll der englische Dramatiker und Schauspieler gesagt haben.

Friedrich Schiller wurde 1759 in Marbach am Neckar geboren. Seine Mutter war die Tochter eines Gastwirtes, und so notierte Schiller selbst zum Gedenken an seinen Großvater den Albumvers: »Der Name Wiremberg schreibt sich Wirt am Berg.« Mit 13 Jahren kam er in die Militärakademie Karlsschule und musste – laut Schulordnung – zu den Mahlzeiten bis zu einem halben Liter Wein konsumieren.

Marbach wurde später Schillerstadt. Sein Geburtshaus ist heute ein Museum. Schillerwochen werden gefeiert, ein Schiller-Denkmal gibt's in der Parkanlage Schillerhöhe. Marbach steht wie kaum eine andere Stadt für Literatur und Wein. Folgerichtig führt der Wein-Lese-Weg auch durch Marbach, obwohl ausgerechnet dem größten Sohn der Stadt keine Tafel gewidmet wurde. Immerhin ist der Name Schiller dennoch zu lesen. In Steinheim wird Schillers Paten Johann Friedrich Schiller gedacht. Auf dem Weg gibt es 15 Stationen mit Dichtern wie Eduard Mörike, Otto Rombach oder Gustav Schwab. Es sind die literarischen Größen in der Region, über die man etwas erfährt und deren Texte am Wegesrand zum Schmunzeln anregen und inspirieren sollen. Vielleicht zu einer Einkehr in die Gasthäuser und Weingüter unterwegs. Insgesamt über 90 Kilometer misst die in Rundwege unterteilte Strecke, der mit gut 34 Kilometern längste verläuft parallel zum Württemberger Wanderweg. Die Autorempfehlung: in Benningen zum zehn Kilometer langen Rundweg über Marbach, Steinheim und Murr starten, natürlich mit Proviant und Wein im Rucksack!

Adresse Start der empfohlenen 10-Kilometer-Rundtour: Fußgängerbrücke Benningen nach Marbach über den Neckar (Tafel 1) | **ÖPNV** S 4 von Stuttgart oder Backnang zum Bahnhof Benningen, von dort rund 450 Meter zu Fuß | **Anfahrt** A 81, Abfahrt Pleidelsheim, über Murr nach Benningen in die Ludwigsburger Straße | **Öffnungszeiten** durchgehend | **Tipp** Um die Schiller-Erinnerungstour komplett zu machen, lohnt ein Besuch im Gasthaus »Goldener Löwe« in der Niklastorstraße 39 in Marbach. Hier gibt's schwäbische Leckereien und Weinempfehlung dazu.

110 Die Weinterrasse
Genuss pur mit Flussplätschern

Es gibt Weingenossenschaften und Weingenossenschaften. Das Prinzip ist immer dasselbe: Winzer mit kleinen Rebflächen schließen sich zusammen und gründen eine landwirtschaftliche Vereinigung. Ihre Anzahl ging in den vergangenen 20 Jahren stetig zurück. Die übrig gebliebenen gehören heute zu den großen Weingütern und produzieren gute, bezahlbare Weine. Und sie haben ihre Namen geändert: Moselland, Badische Winzer oder Winzergemeinschaft Franken, der Begriff »Genossenschaft« taucht nicht mehr auf. Die »Weingärtner Stromberg-Zabergäu« haben sich gleich zur Gründung 2012 eine blumigere Bezeichnung einfallen lassen. In den wenigen Jahren ihres Bestehens sind sie mit viel Elan und Innovationskraft zu einer der besten Genossenschaften des Landes aufgestiegen.

Von Beginn an haben sie das Prinzip des Weingenusses verstanden und organisieren regelmäßig Veranstaltungen in einem passenden Ambiente. An zwei Standorten, in Brackenheim und Bönnigheim, wird gefeiert: Kelterparty, Kult-Weinprobe, Weinfrühling, Stäffelesparty oder Themen-Weinproben wie »Sommergenuss mit Erdbeerkuss« – man ist erfinderisch. Dabei schenken die Weingärtner ihre Weine aus, bieten selbige zum Kauf und zeigen teilweise mit Vesper und Menüs den Weintrinkern weitere Talente. Bereits beim ersten Kennenlernen spüre ich die gute Stimmung in der Truppe. Ihr schönster Ort zum Weingenießen? Ohne Zögern: die Kirchheimer Weinterrasse – das Gegenmodell zu futuristischen Neubauten mitten in den Weinbergen. Hier gibt es nichts, fast nichts. Ein paar Biergarnituren mit Tischen und Bänken ohne Polster, fertig ist ein Ort für Weingenuss pur mit herrlichem Blick auf die Weinberge und die Neckarschleife bei Kirchheim. Und wenn die Weingenossen nicht da sind, bringen Sie einfach eine Decke und Wein mit und setzen sich auf die Wiese. Dann ist es sogar ganz still, und das leise Flussplätschern dringt bis zu Ihnen empor.

Adresse Weingärtner Stromberg-Zabergäu: Neipperger Straße 60, 74336 Brackenheim, Tel. 07135/98550, www.wg-sz.de | **ÖPNV** R4 und Regionalbahnen bis Bahnhof Kirchheim am Neckar, von dort rund 2,5 Kilometer zu Fuß | **Anfahrt** B 27 bis Parkplatz an der Obsthalle Kirchheim (Im Krümmling 1, 74366 Kirchheim am Neckar), von dort rund 750 Meter zu Fuß | **Öffnungszeiten** Weingärtner: Mo – Fr 8 – 18 Uhr, Sa 8 – 13 Uhr | **Tipp** Von Donnerstag bis Samstag außerhalb des Sommers gehen die Weingärtner später ins Bett, dann feiern sie den Feierabend ab 18 bis 22 Uhr in der »Weinkostbar« in der Brackenheimer Marktstraße.

111 Der Wirtemberg
Wo der Flieder blüht und duftet

Das Märchen spielt im 12. Jahrhundert auf dem Wirtemberg. Des Kaisers Tochter reist mit ihrem Vater Barbarossa durch die Lande und zum Rothenberg, oberhalb der heutigen Landeshauptstadt Stuttgart. Sie verliebt sich in einen nicht standesgemäßen Dienstmann, lässt sich von ihm entführen und versteckt sich mit ihm auf dem Berg. Ihr Liebster bewirtschaftet Felder, sie glänzt in der Küche, und zusammen betreiben sie ein Wirtshaus. Viele Jahre später macht der Kaiser beim »Wirt am Berg« Rast, die Prinzessin erschrickt, kocht dem Papa aber sein liebstes Essen. Der erkennt die Handschrift seiner Tochter, sucht und findet sie und verzeiht ihr den erlittenen Kummer. Seinem Schwiegersohn schenkt er den ganzen Berg und tauft ihn »Wirt am Berg«.

Heute beherbergt ein prunkvolles Mausoleum auf dem Gipfel die wirtembergische Familie. Drum herum Weinberge, wohin das Auge blickt. Einen Teil davon bewirtschaften die Genossen des »Collegium Wirtemberg«, das aus den Weingärtnern von Uhlbach und Rotenberg hervorgegangen ist. Am Hang haben sie eines ihrer Domizile, eine Vinothek in den historischen Mauern, eine Wiese mit einem kleinen Probierstand und eine große Terrasse davor, von der aus man auf Stuttgart und das Neckartal hinunterschaut. Rosen und Flieder blühen, und Feigen und Lavendel duften am Rand des Freisitzes. Hier wird der Weingenuss mit allen Sinnen erlebt. Das schmucke Anwesen gibt Zeugnis von der alten Weinbaugeschichte und der Stubensandsteinboden in den umliegenden Rebflächen den Weinen ihren Charakter. Wanderer, Weineinkäufer und Ausflügler machen auf dem Freisitz an massiven Holztischen Rast. Die Straße nebenan ist hinter den dicken Mauern des Gebäudes kaum zu hören. Kaum ein anderer Ort nahe Stuttgart strahlt diese Ruhe aus. Nur manchmal wird es lauter, wenn die Weingärtner zum Jazzfrühschoppen, zur Hausmesse oder zur Weinmeile »Unterm Wirtemberg« einladen.

Adresse Württembergstraße 230, 70327 Stuttgart-Rotenberg, 0711-32777580, www.collegium-wirtemberg.de | **ÖPNV** Bus 61 vom Bahnhof Obertürkheim, Haltestelle Sonnenbühl, von dort 150 Meter zu Fuß | **Anfahrt** von Stuttgart über B 14 bis Abfahrt bei Daimler in die Benzstraße, am Bahnhof Untertürkheim links in die Mettinger und links in die Augsburger bis zur Württembergstraße, Parkplätze vor dem Haus | **Öffnungszeiten** Mo–Fr 9–12 und 13–18 Uhr, Sa 9–16 Uhr | **Tipp** Am Collegium startet ein kleiner Lehrpfad durch die Weinberge, der auf Tafeln einiges über die Genossenschaft und noch mehr über das Wein-machen verrät. Von dort kann man auf den Wirtemberg laufen.

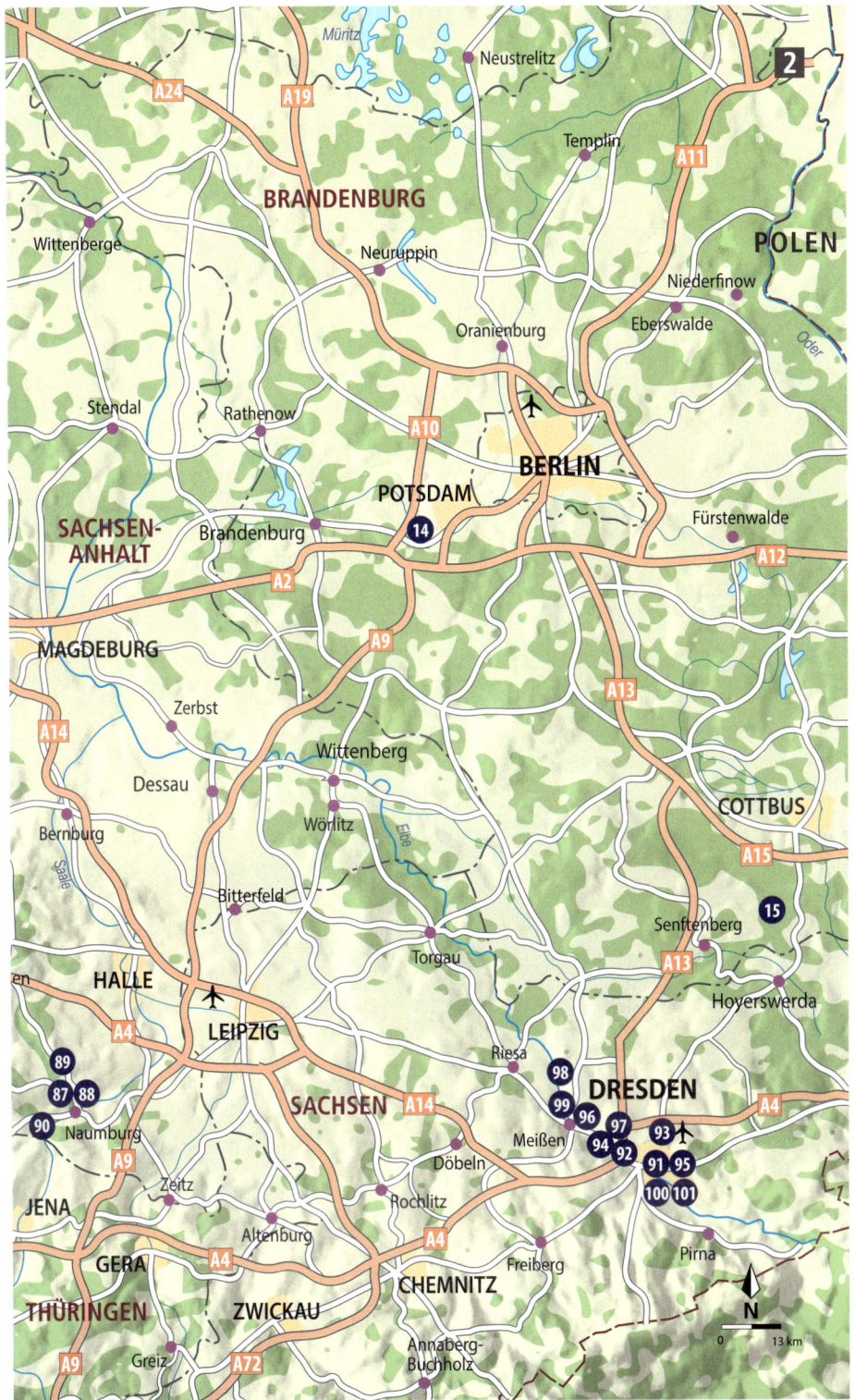

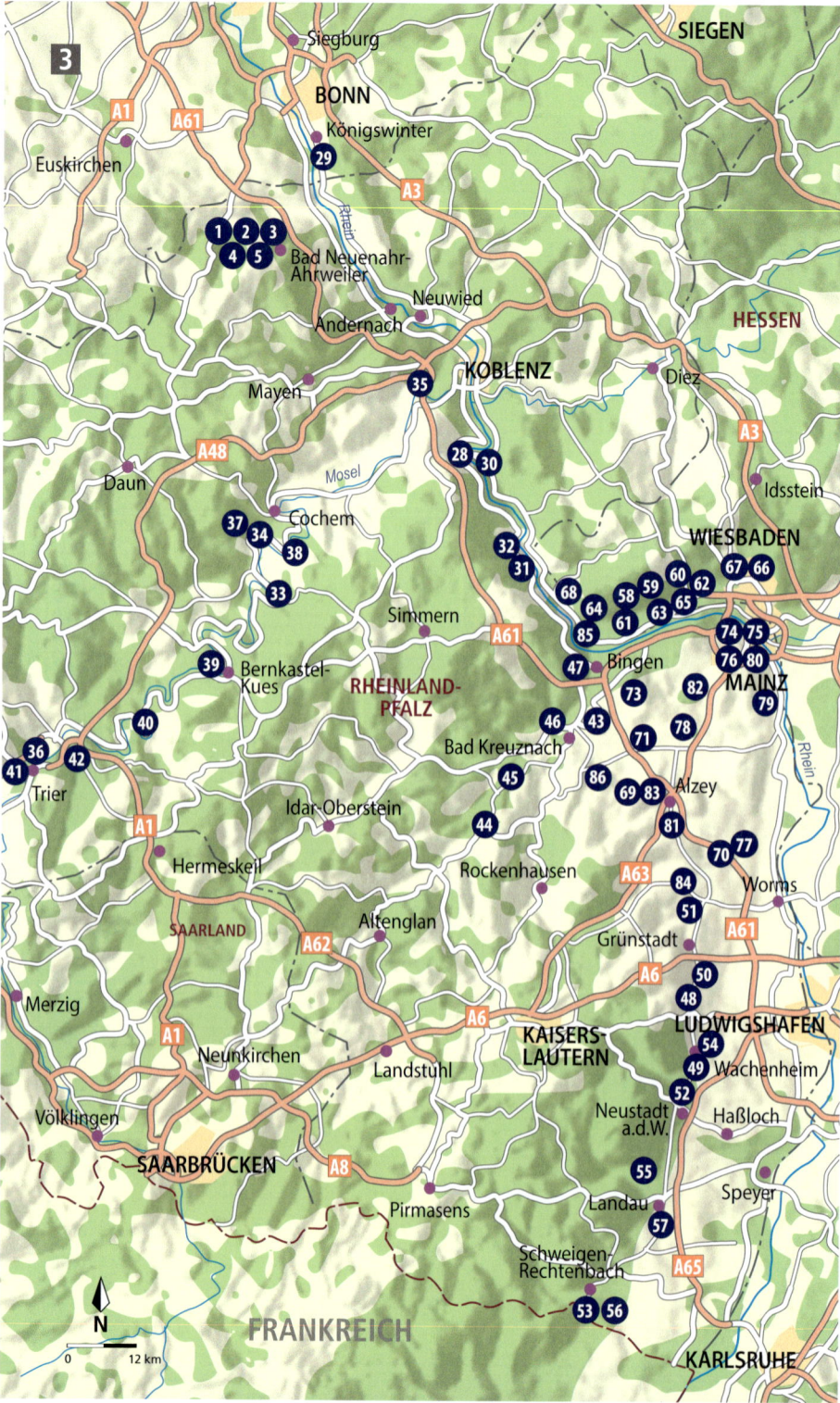

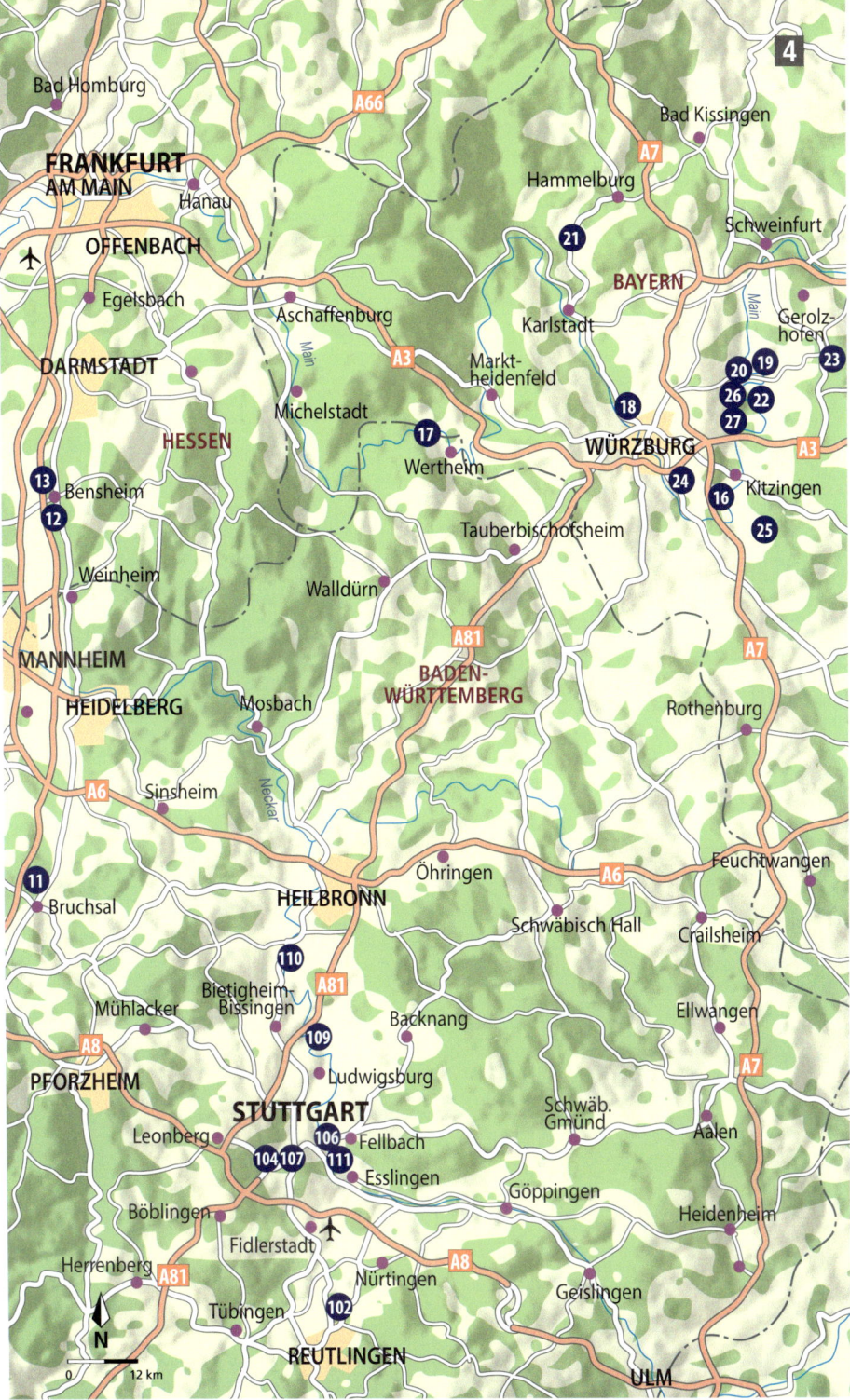

HP Mayer
111 Orte in Heidelberg, die man gesehen haben muss
ISBN 978-3-7408-0246-2

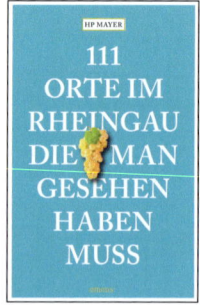

HP Mayer
111 Orte im Rheingau, die man gesehen haben muss
ISBN 978-3-95451-918-7

HP Mayer
111 deutsche Golfplätze, die man erlebt haben muss
ISBN 978-3-7408-0387-2

Carsten Sebastian Henn,
Tobias Fassbinder
111 deutsche Weine, die man getrunken haben muss
ISBN 978-3-95451-465-6

Fede & Tinto
111 Weine aus Italien, die man getrunken haben muss
ISBN 978-3-95451-861-6

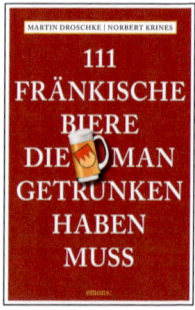

Martin Droschke, Norbert Krines
111 fränkische Biere, die man getrunken haben muss
ISBN 978-3-95451-922-4

Martin Droschke,
Norbert Krines
**111 deutsche Craft Biere, die
man getrunken haben muss**
ISBN 978-3-7408-0338-4

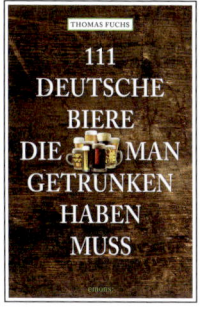

Thomas Fuchs
**111 deutsche Biere, die
man getrunken haben muss**
ISBN 978-3-95451-414-4

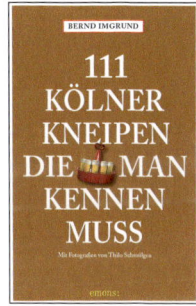

Bernd Imgrund,
Thilo Schmülgen
**111 Kölner Kneipen, die
man kennen muss**
ISBN 978-3-89705-838-5

Bernd Imgrund,
Tobias Fassbinder
**111 Whiskys, die man
getrunken haben muss**
ISBN 978-3-7408-0242-4

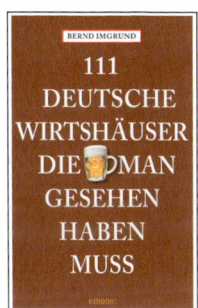

Bernd Imgrund
**111 deutsche Wirtshäuser, die
man gesehen haben muss**
ISBN 978-3-95451-080-1

Torsten Goffin,
Carsten Sebastian Henn
111 mal lecker essen in Köln
ISBN 978-3-95451-214-0

Do Hyun Kim, Peter Eickhoff
**111 Düsseldorfer Restaurants,
die man kennen muss**
ISBN 978-3-95451-594-3

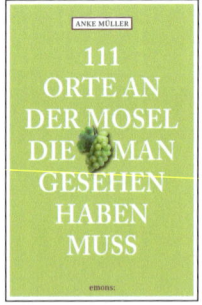

Anke Müller
**111 Orte an der Mosel, die
man gesehen haben muss**
ISBN 978-3-95451-325-3

Stefanie Jung
**111 Orte in Rheinhessen, die
man gesehen haben muss**
ISBN 978-3-95451-082-5

Barbara Krull
**111 Orte am Kaiserstuhl, die
man gesehen haben muss**
ISBN 978-3-95451-562-2

Lust auf mehr? Laden Sie sich
die »LChoice«-App runter, scannen
Sie den QR-Code und bestellen
Sie weitere Bücher direkt in Ihrer
Buchhandlung.

Dank

Danke an alle Menschen, die für dieses Buch über ihre Lieblingsweinorte, ihre schönsten Genusserinnerungen und über ihre vinologischen Überzeugungen geplaudert und mitdiskutiert haben. Danke an alle, die die Tür geöffnet haben und herzlich und gastfreundlich waren – alle anderen sind nicht dabei. Danke an alle, die mich begleitet haben. Danke an Meike für ihre feinen Expertise und konstruktive Kritik. Danke an meine Lektorin Susanne für ihre Offenheit und ihr stilistisches Feintuning und natürlich an das ganze Team des Emons Verlages, ohne das es dieses Buch nicht gäbe. Ach ja, und natürlich danke für jeden Schluck, den ich auf der Suche nach Orten für echte Weingenießer, selbst genossen habe. Mir war nicht klar, welche beeindruckende Vielfalt und welche Liebe wir in unserem Land für den Wein doch haben. Zum Wohl.

Der Autor

HP Mayer hat als Autor und Fotograf zahlreiche Reisebücher publiziert und an hunderten touristischen Berichten mitgewirkt. Schon als Kind half er bei der Weinlese, bewirtschaftete als Jugendlicher einen eigenen Weinberg und berät heute Weingüter und Weingastronomie. Er lebt in Eltville.